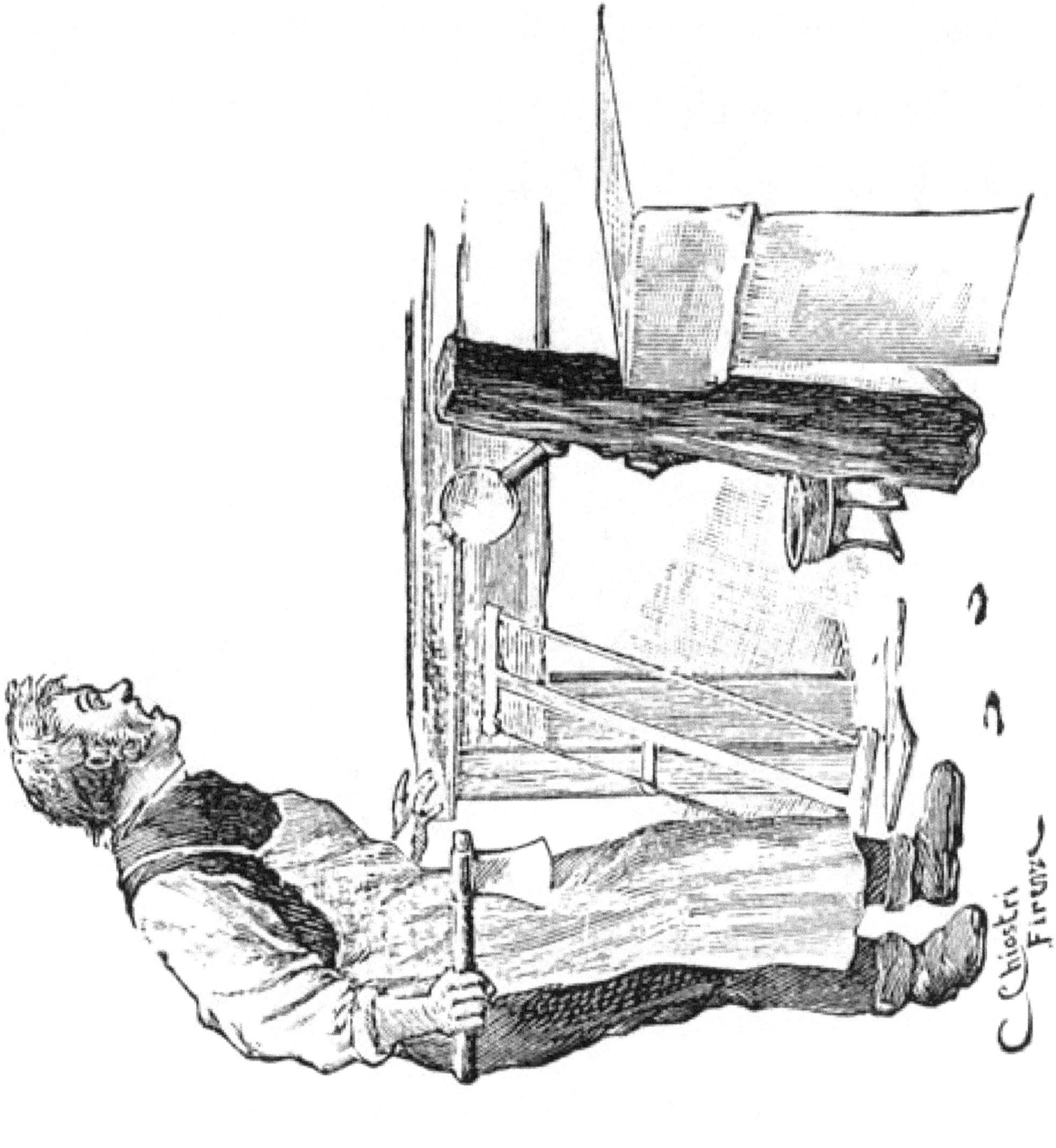
Chiostri
Firenze

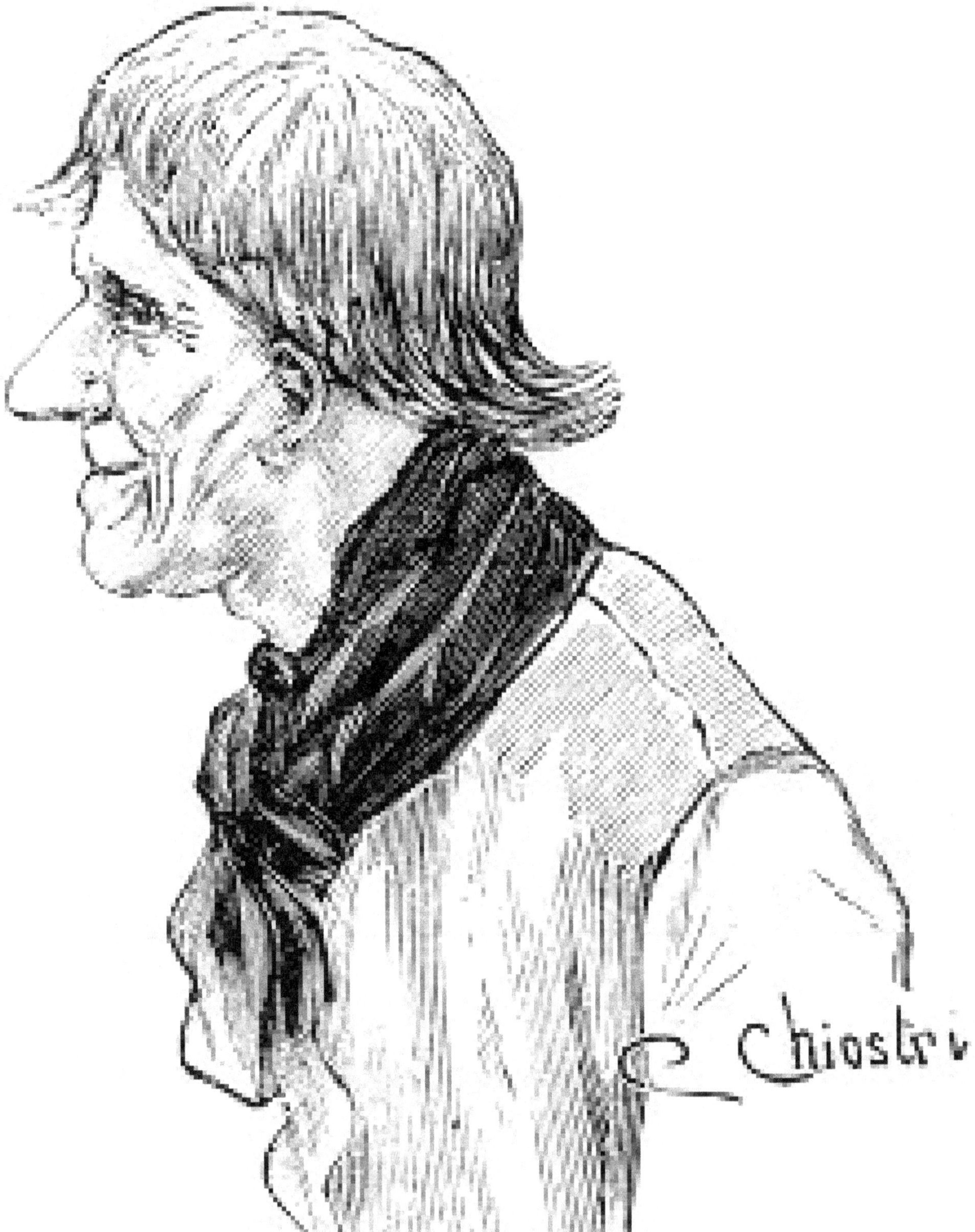

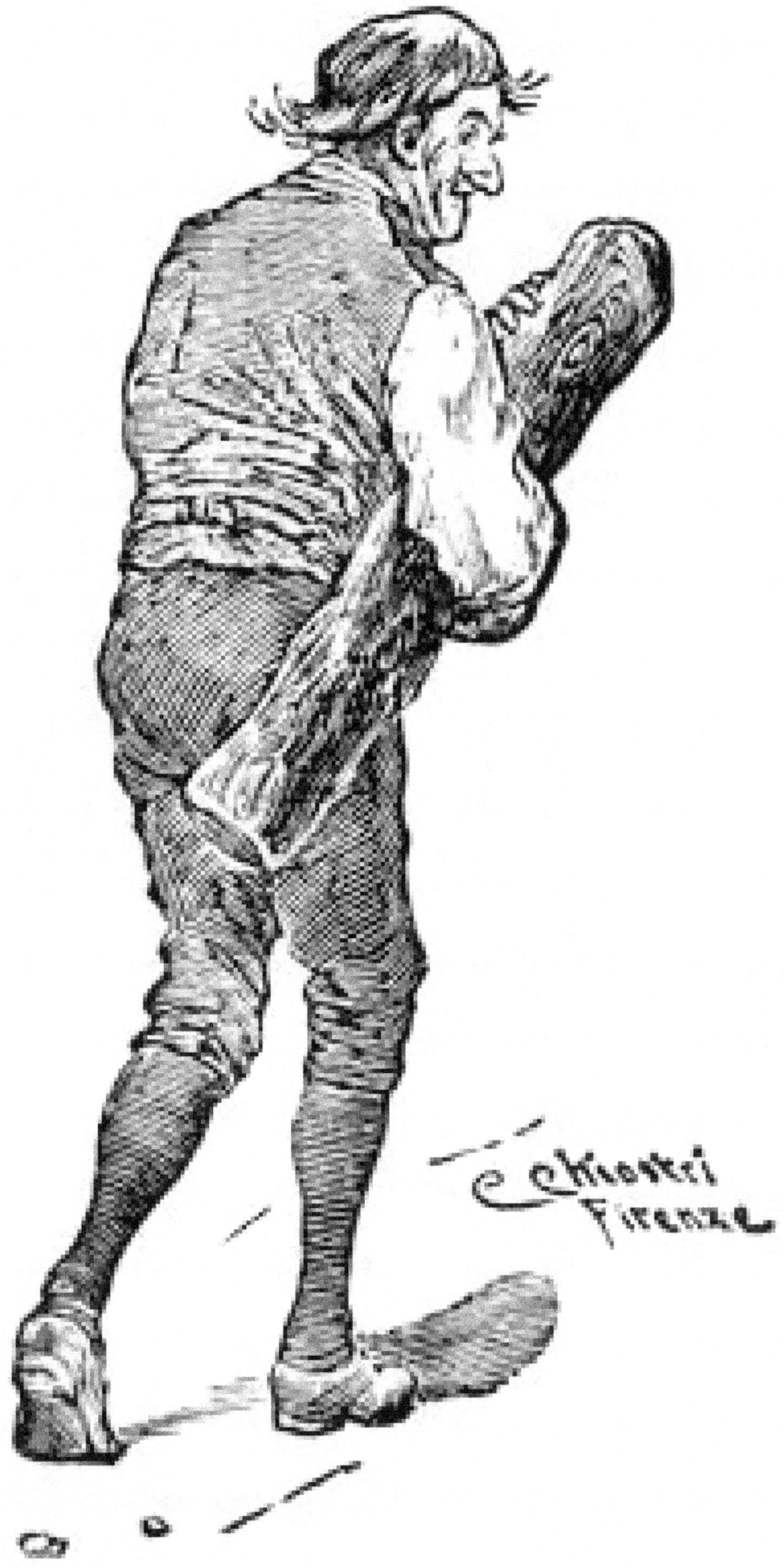
CChiostri
Firenze

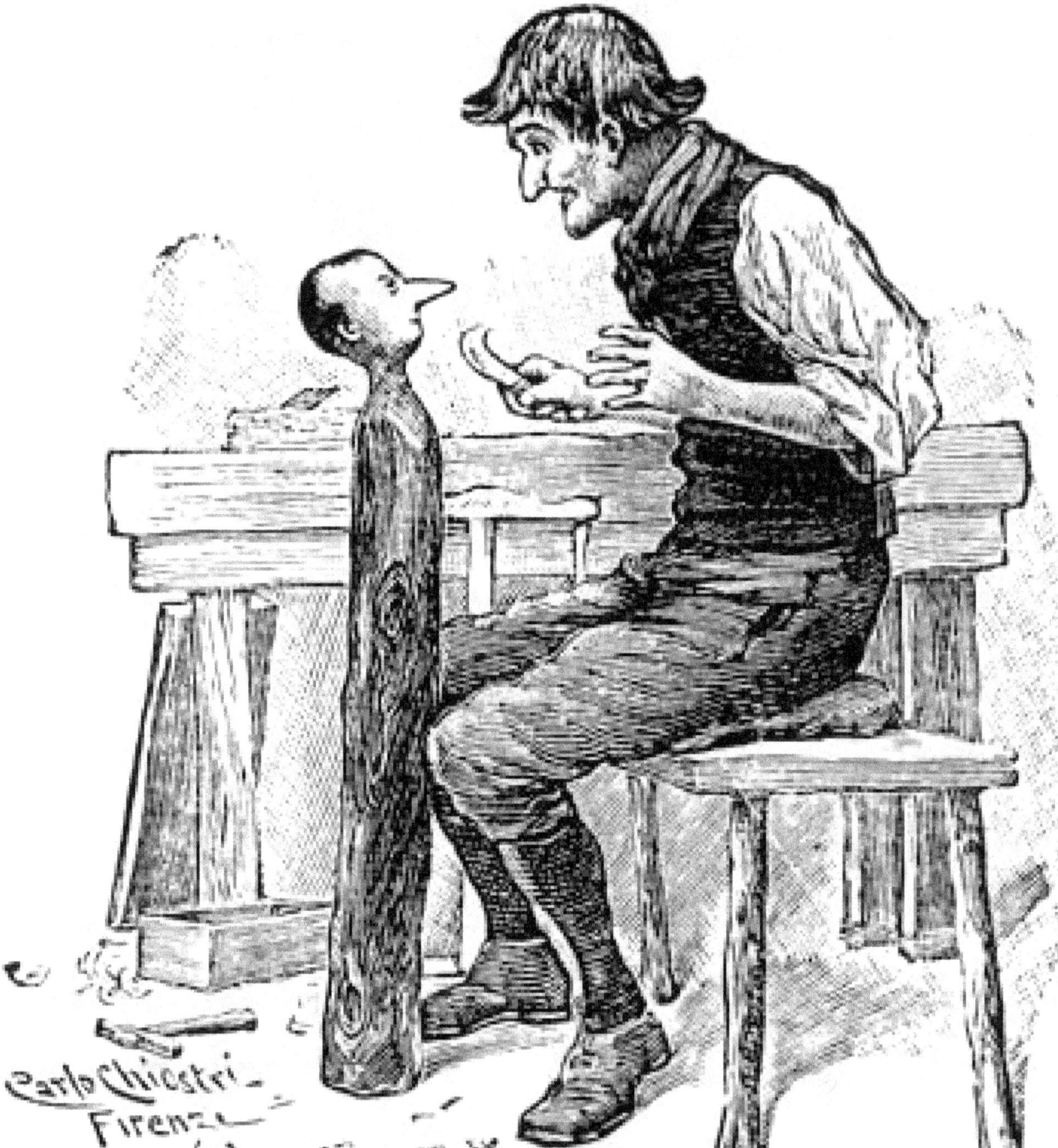
Carlo Chiostri
Firenze

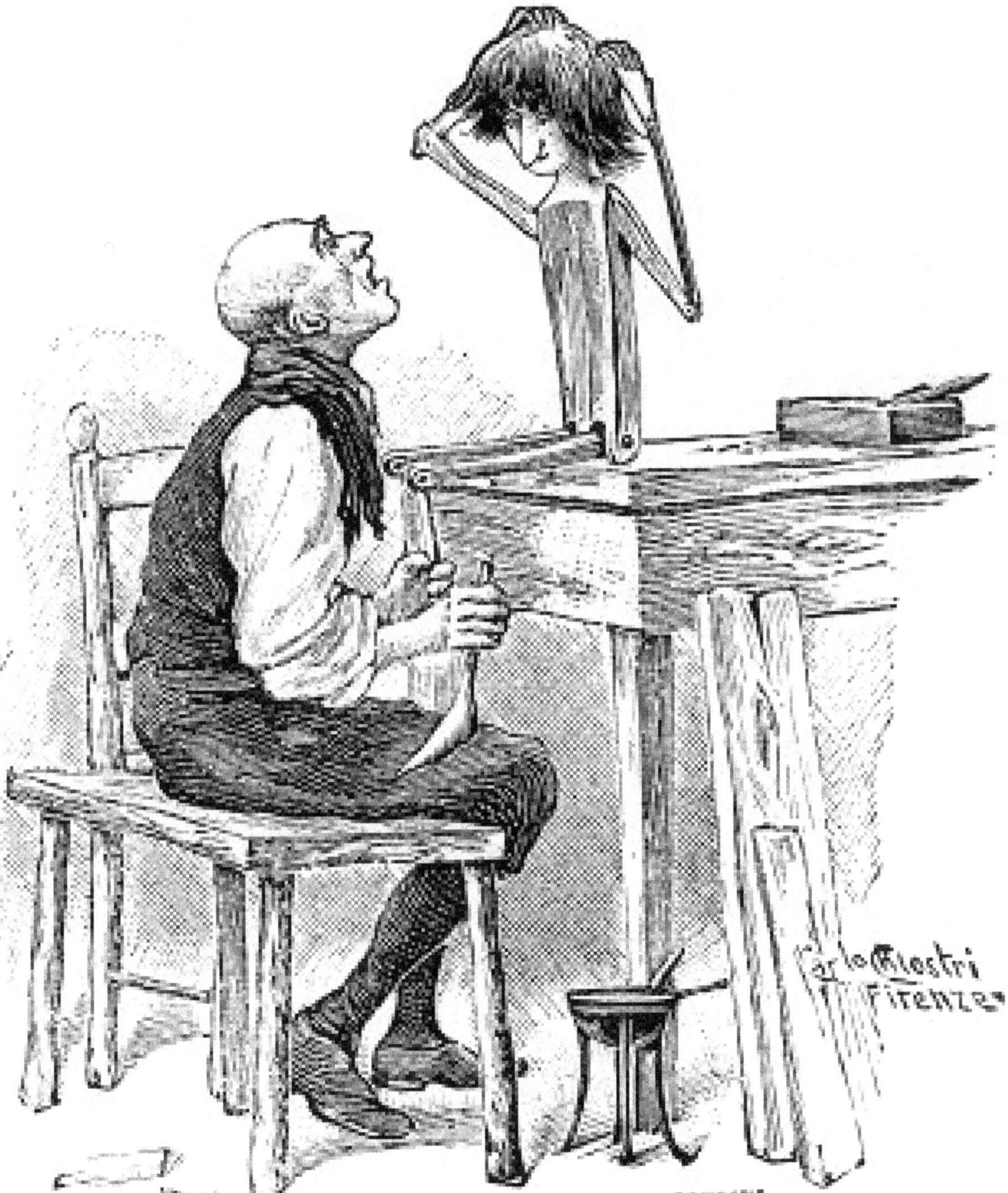
Carlo Chiostri Firenze
BONGINI

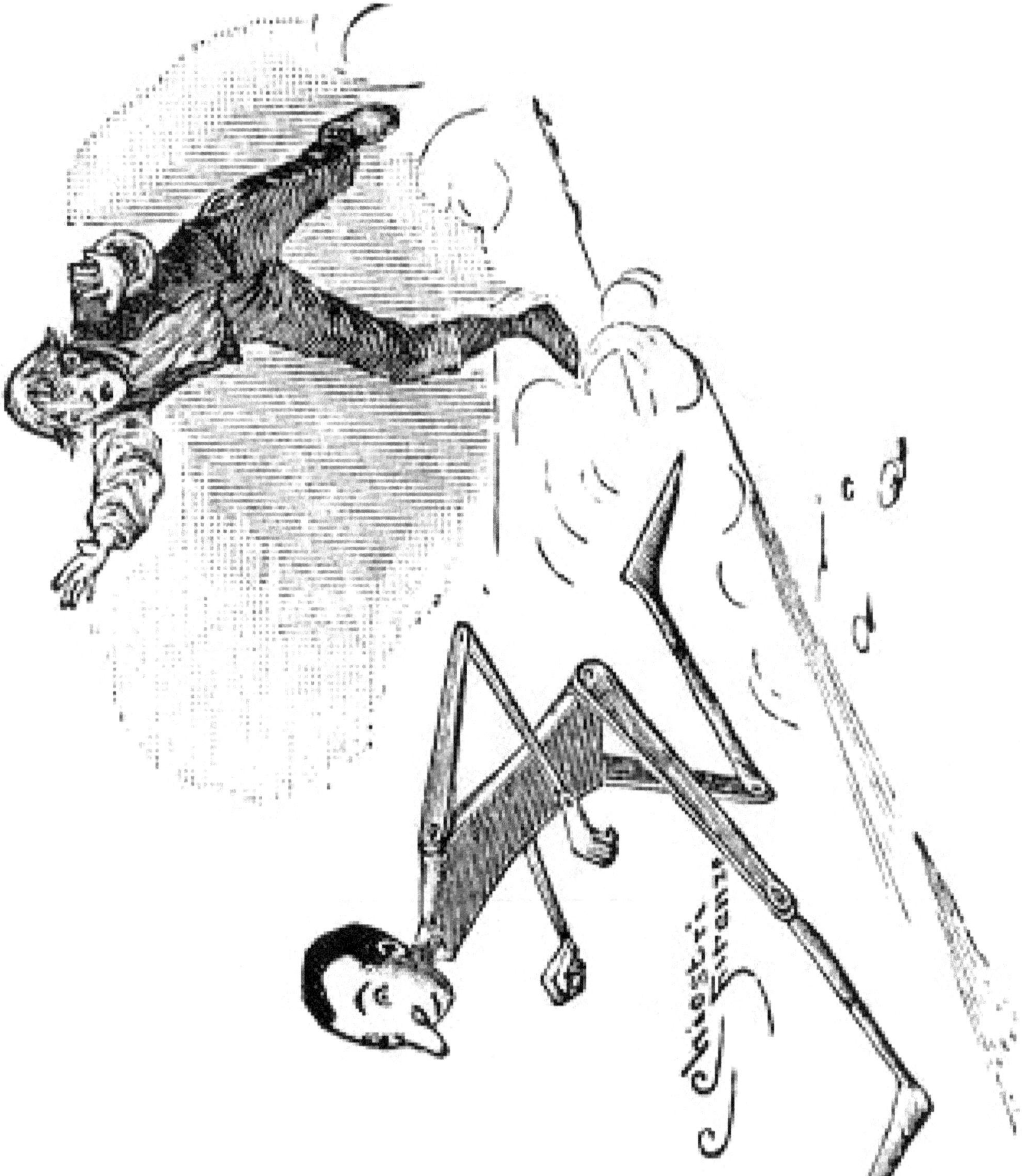

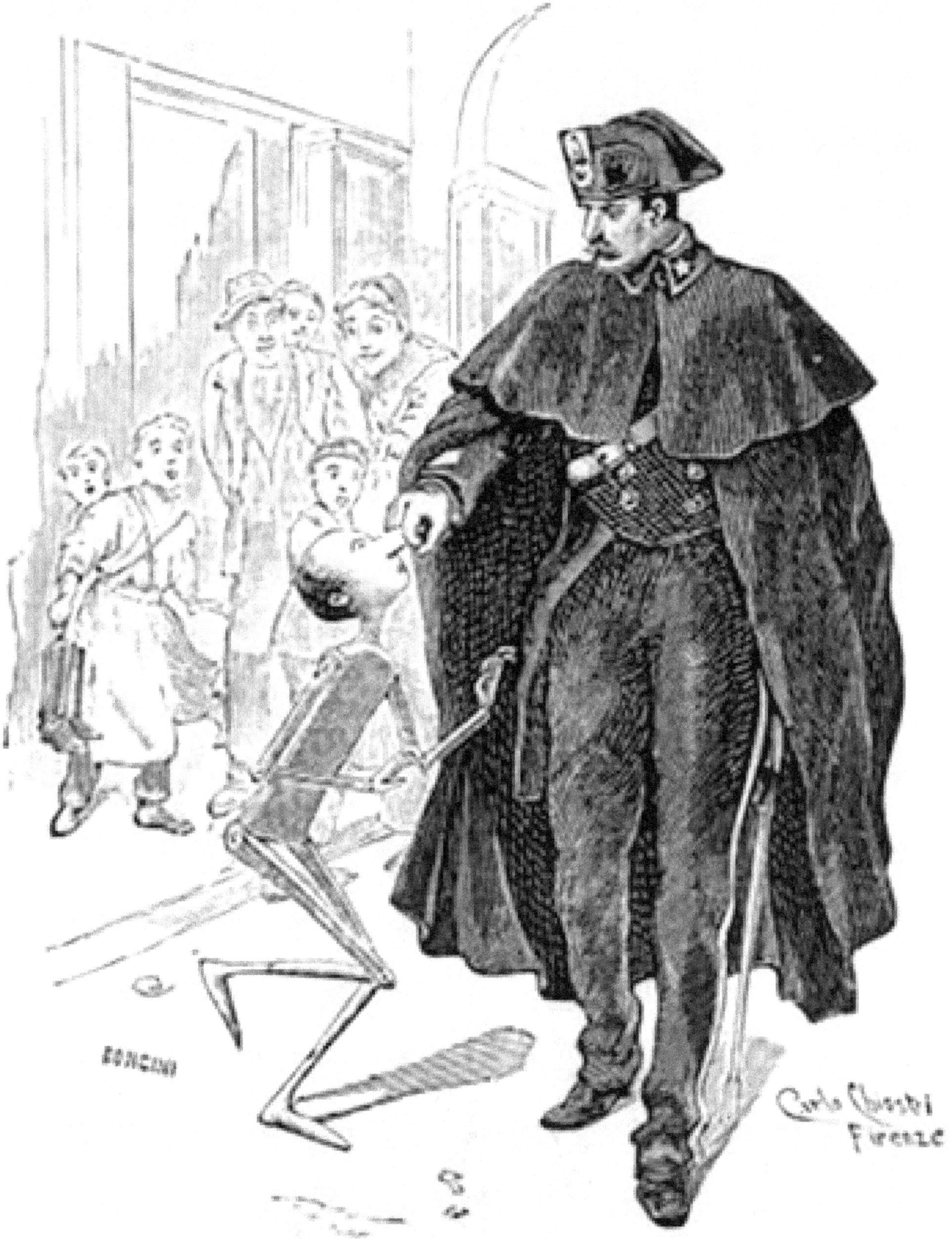

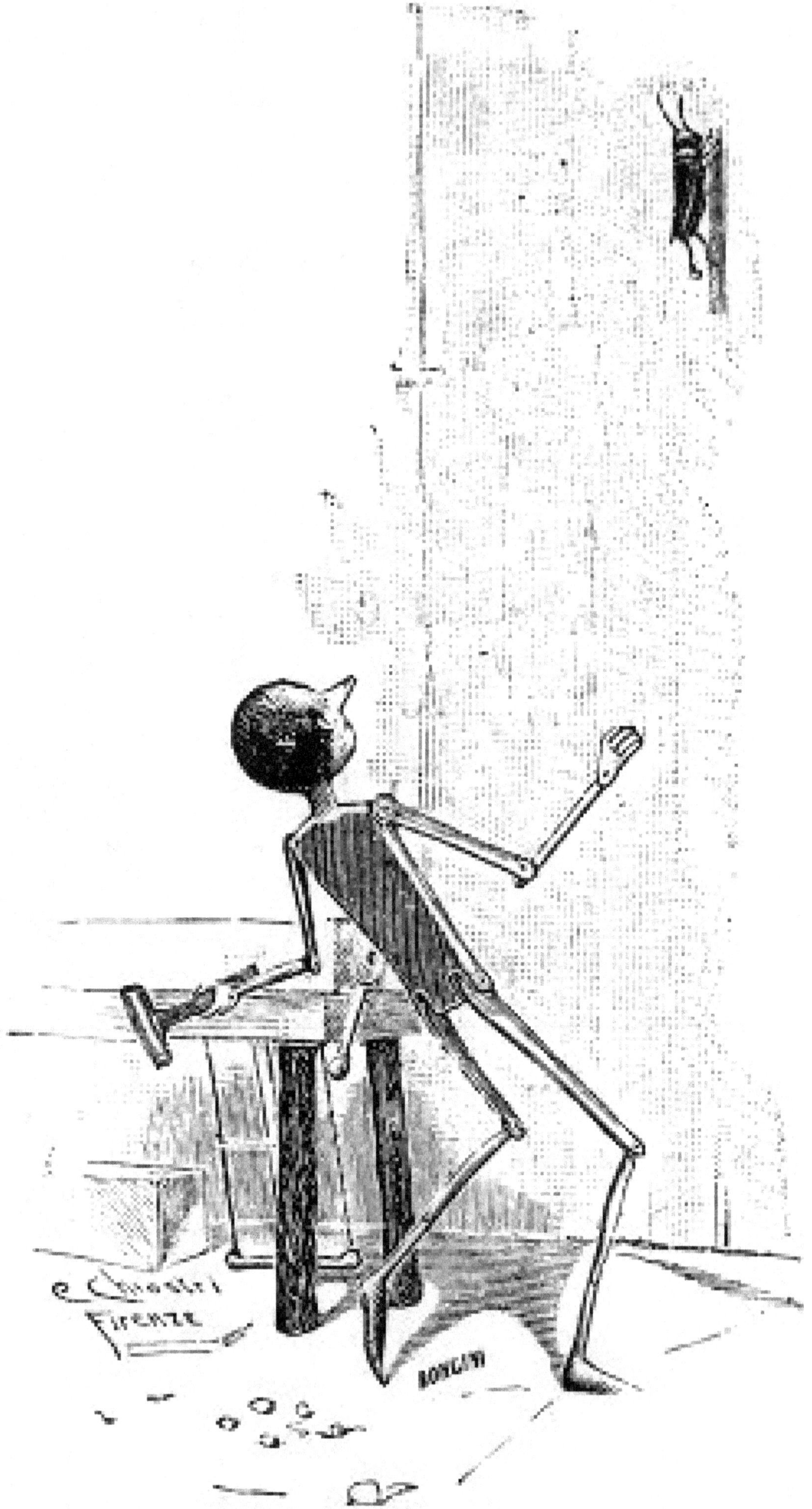
FIRENZE
BONGINI

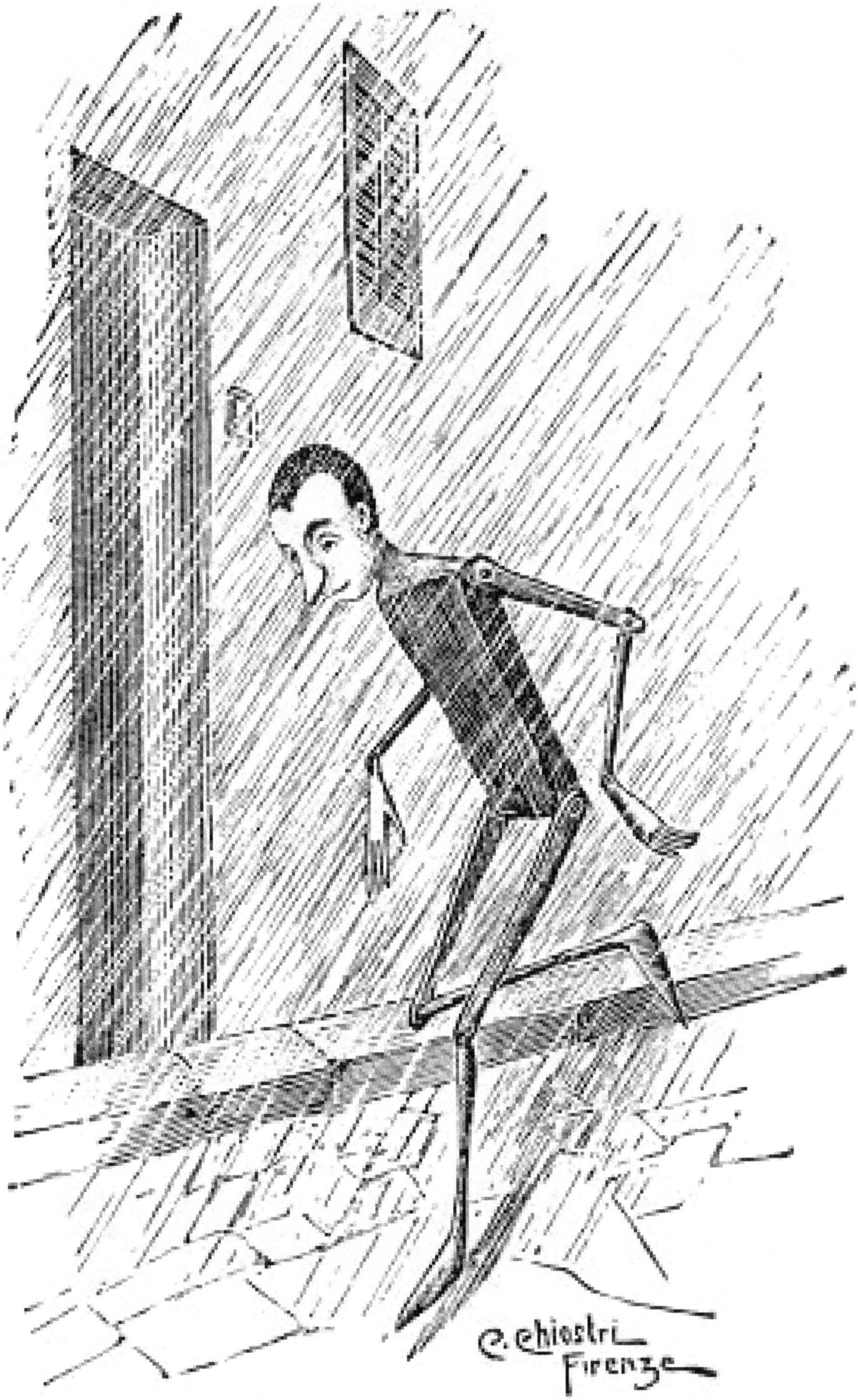
C. Chiostri
Firenze

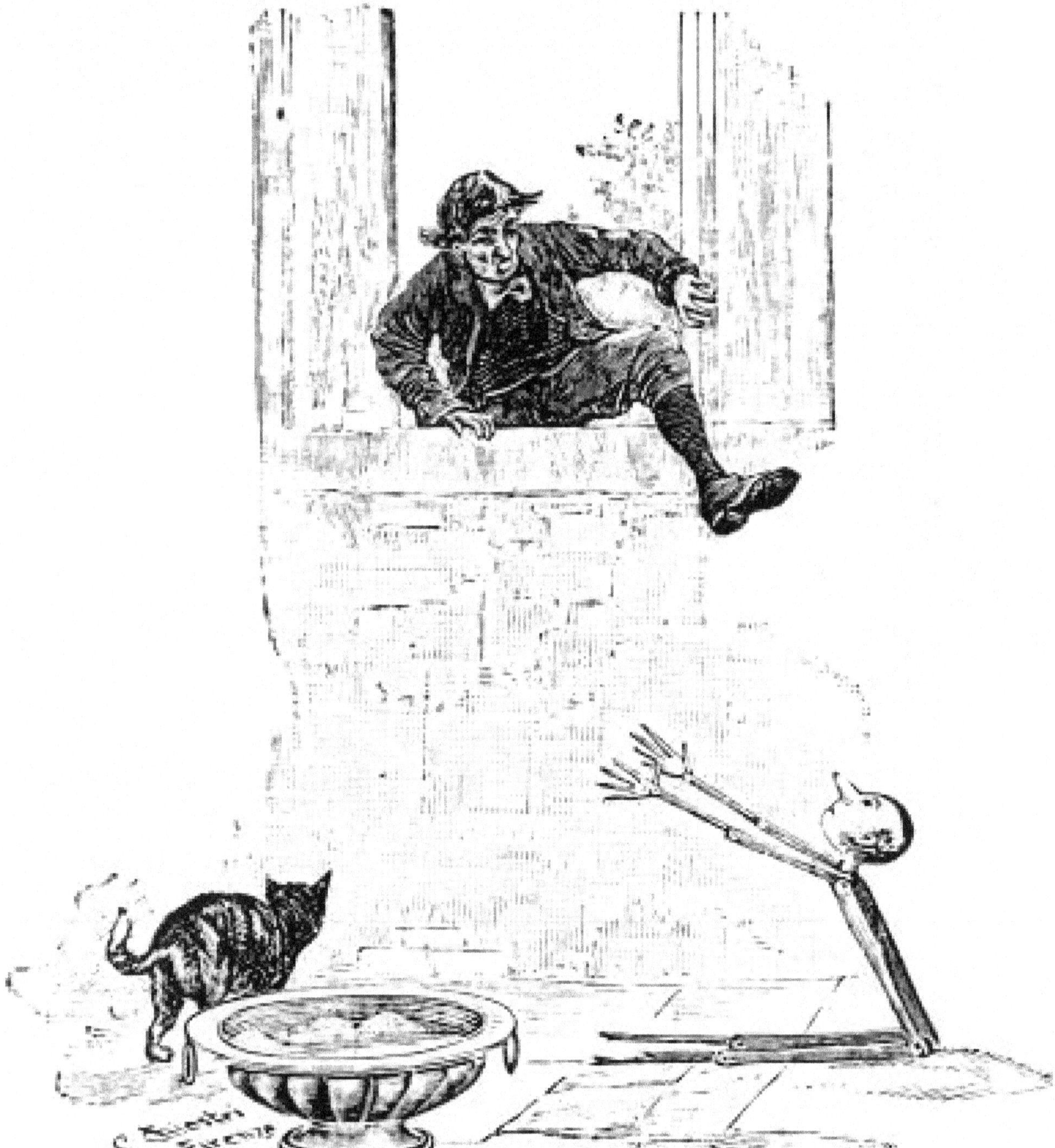

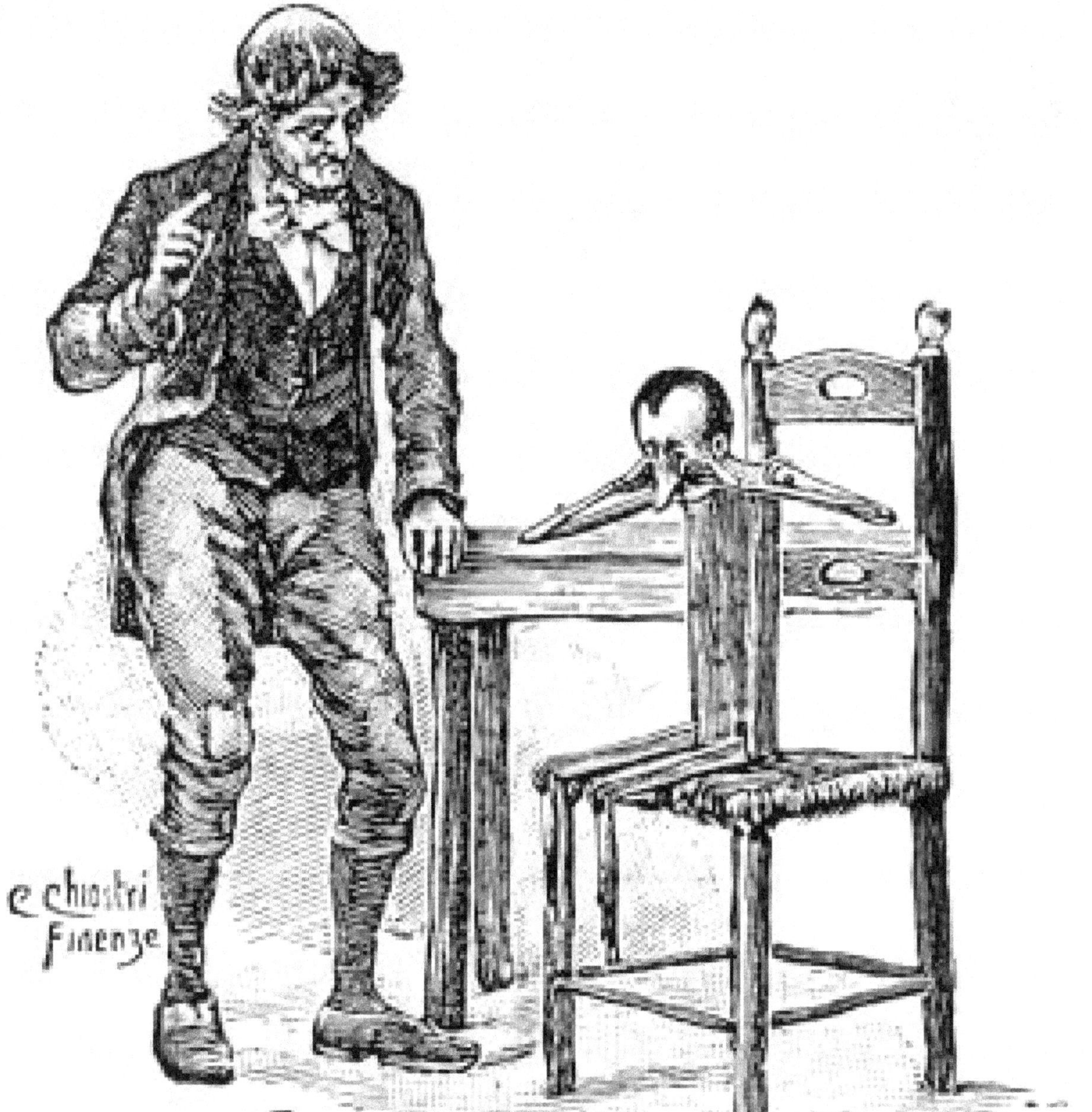
C. Chiostri
Firenze

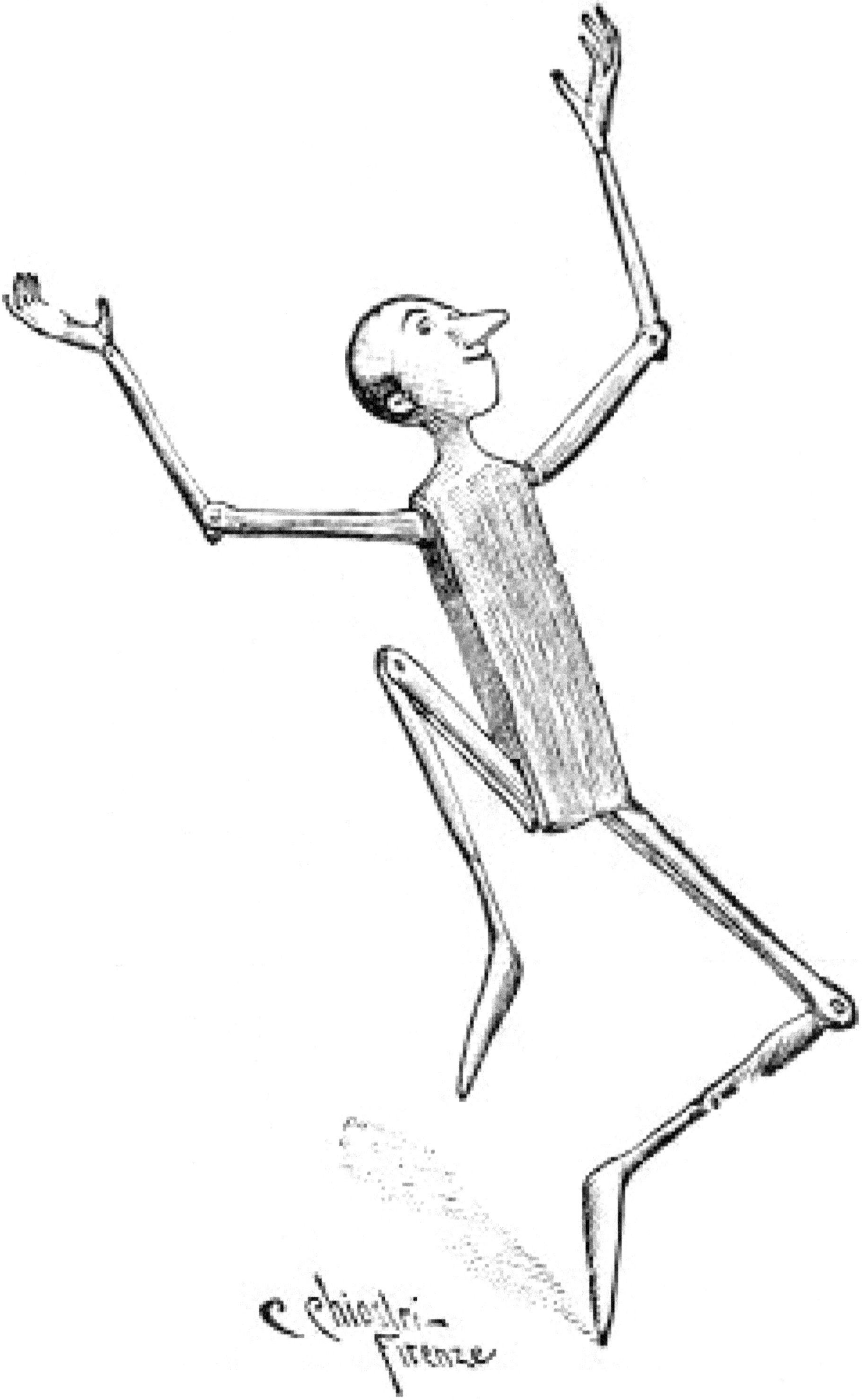
C. Chiostri – Firenze

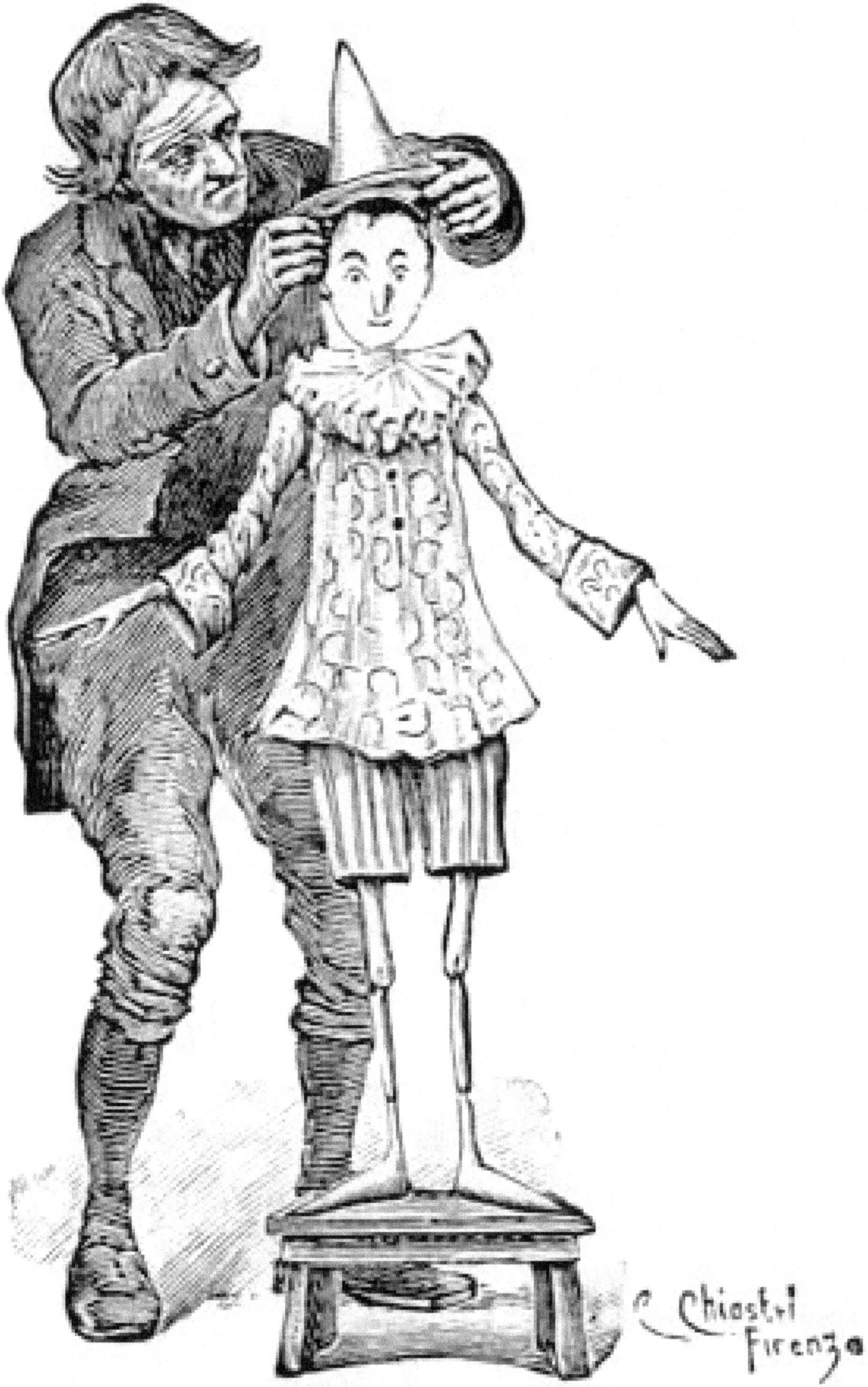
C. Chiostri
Firenze

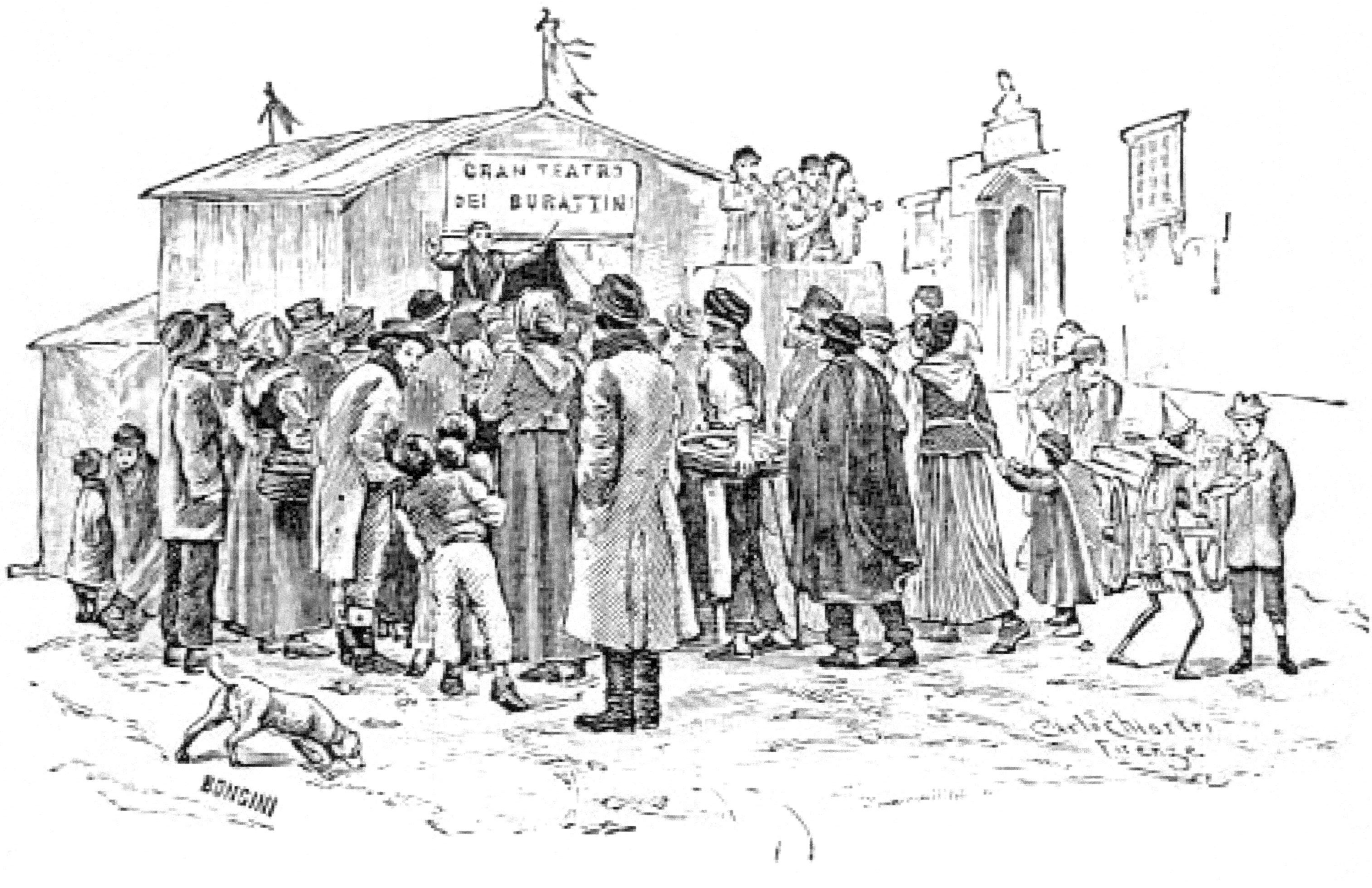
GRAN TEATRO
DEI BURATTINI
BONGINI

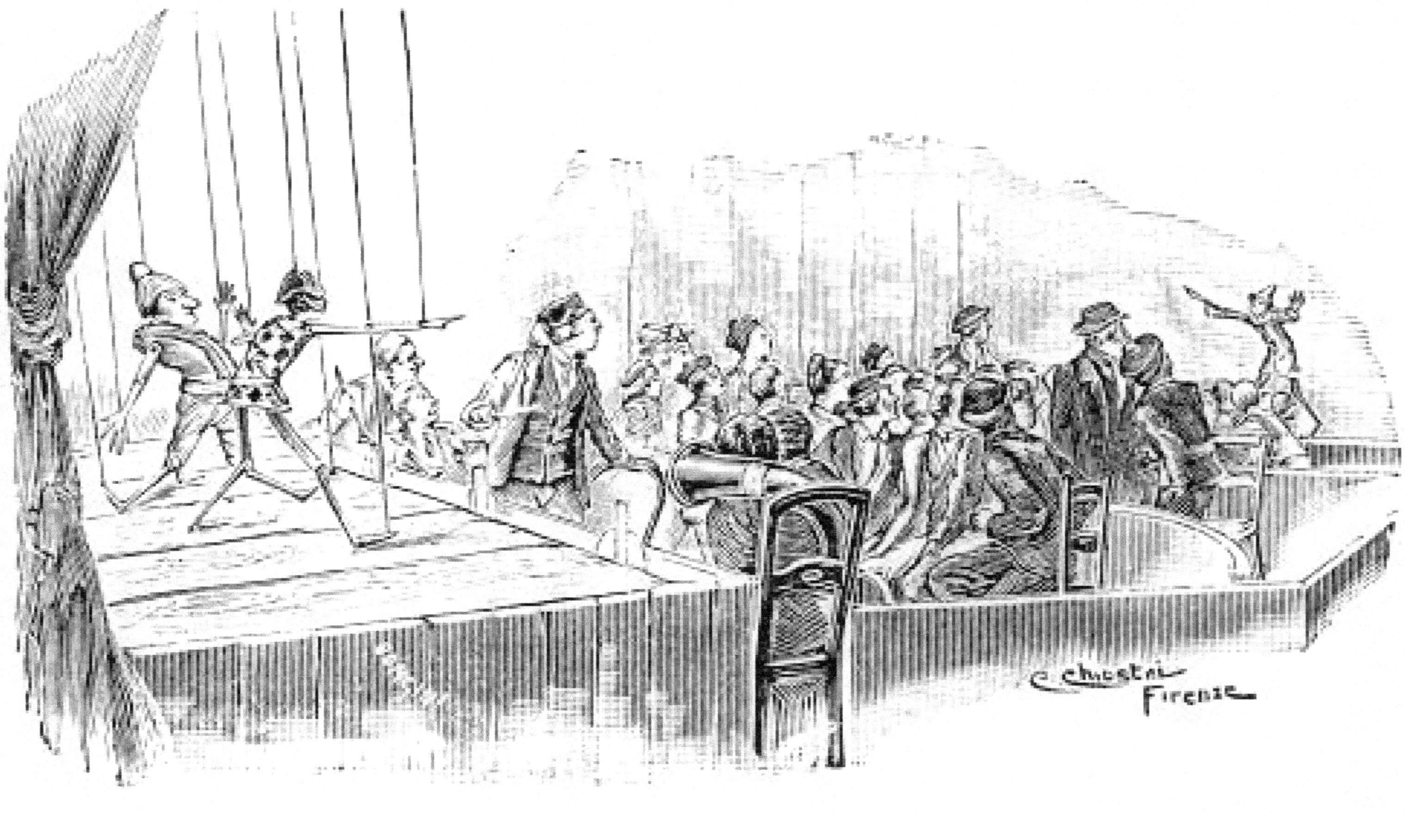
C. Chiostri
Firenze

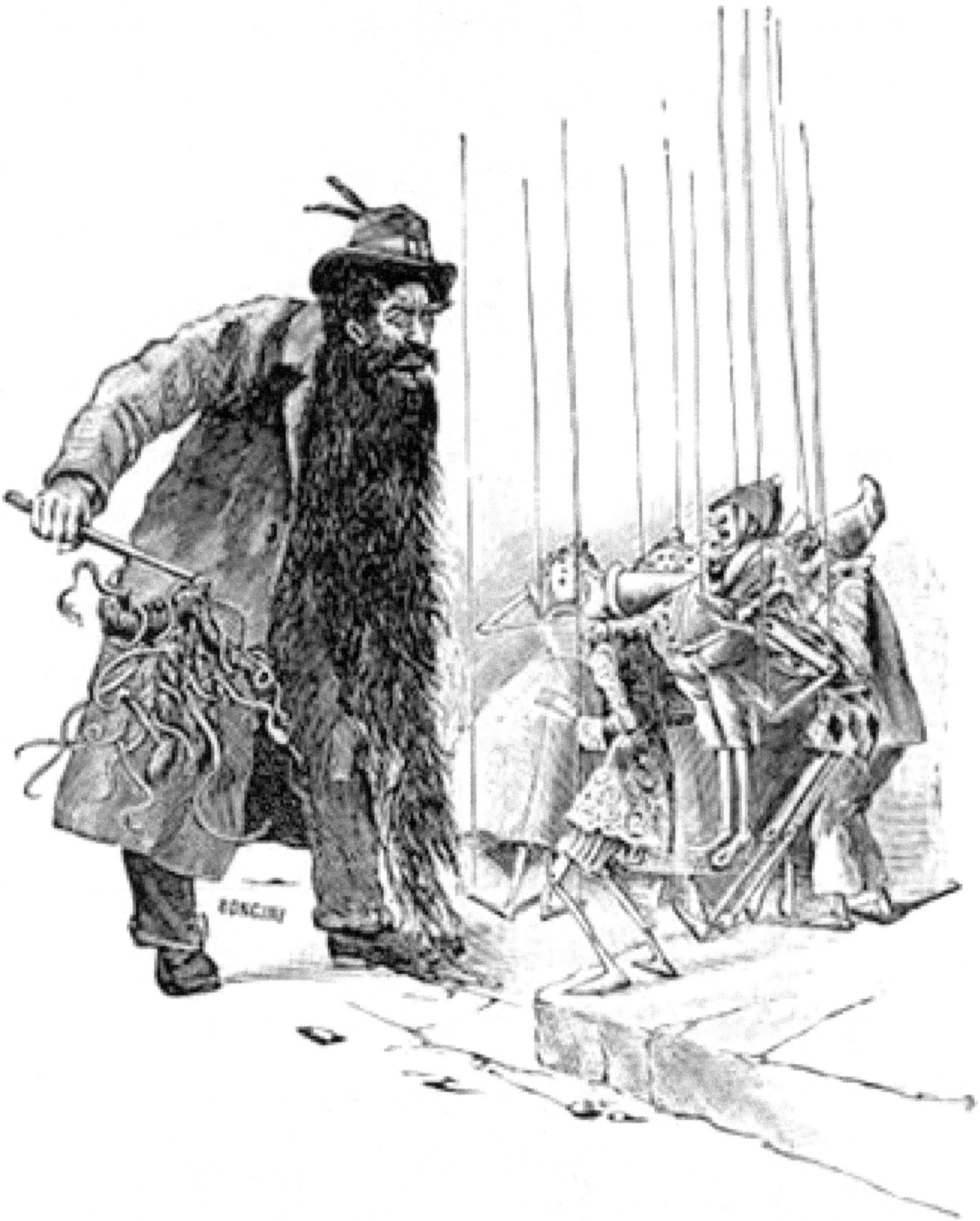

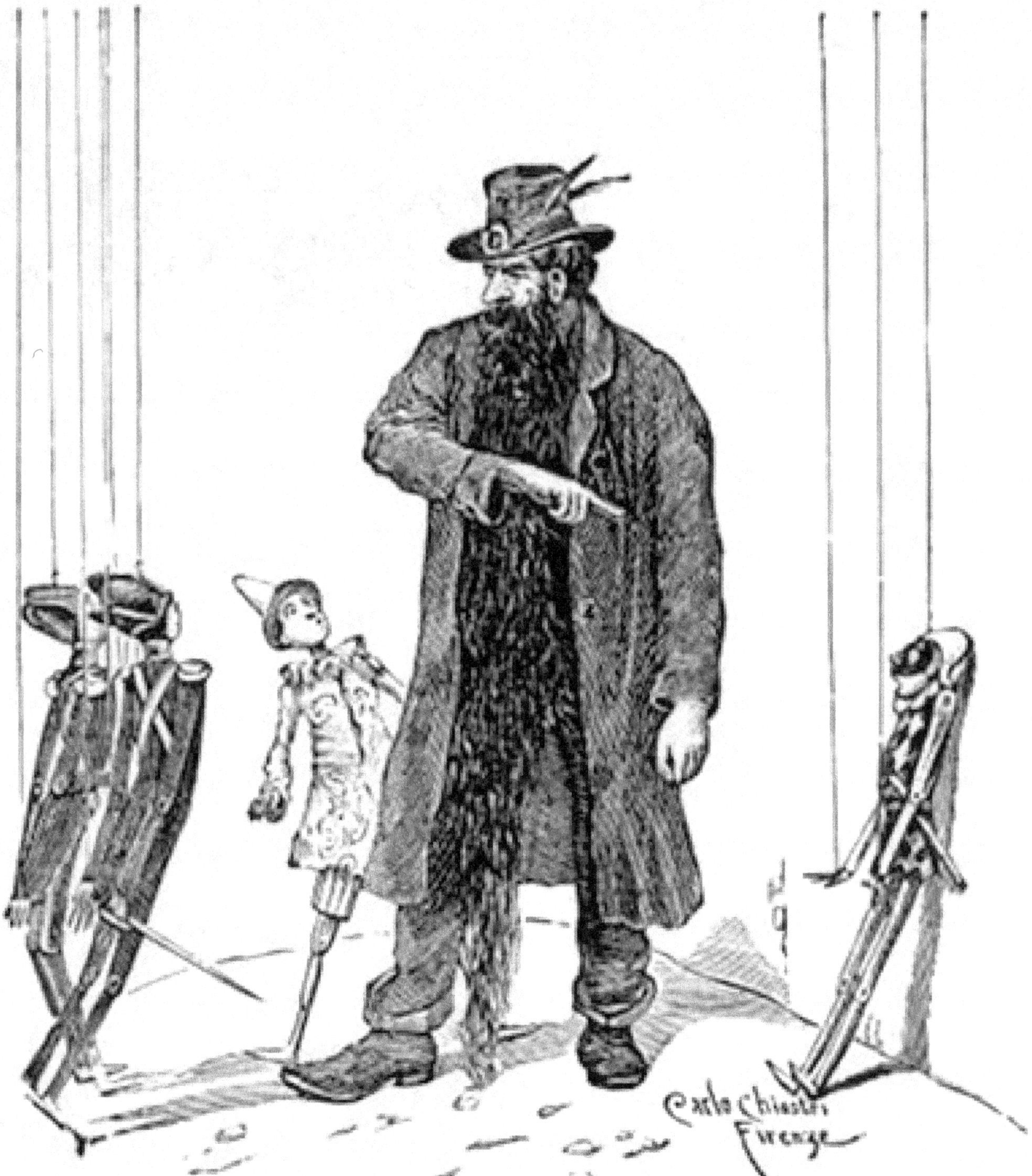

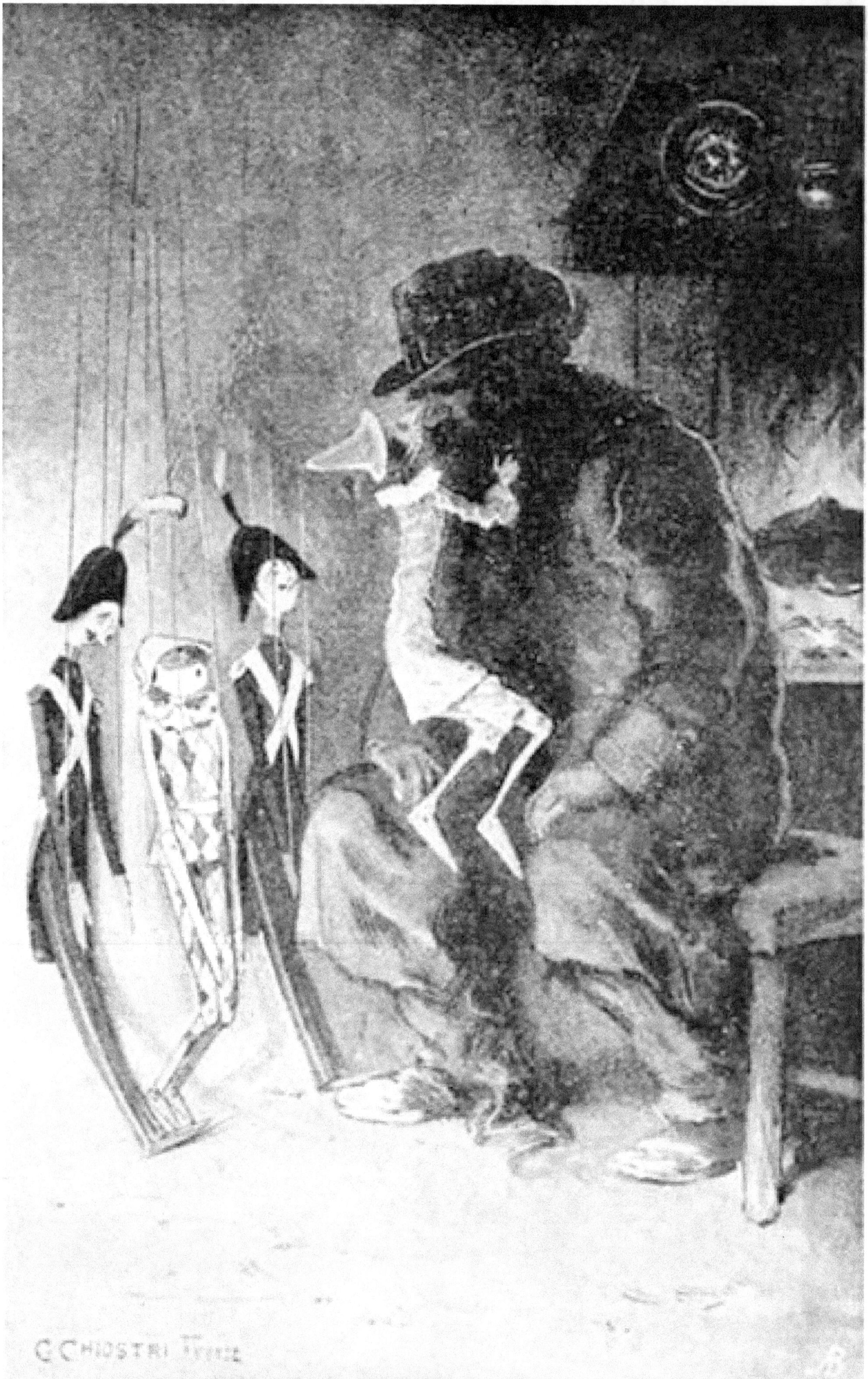
G CHIOSTRI

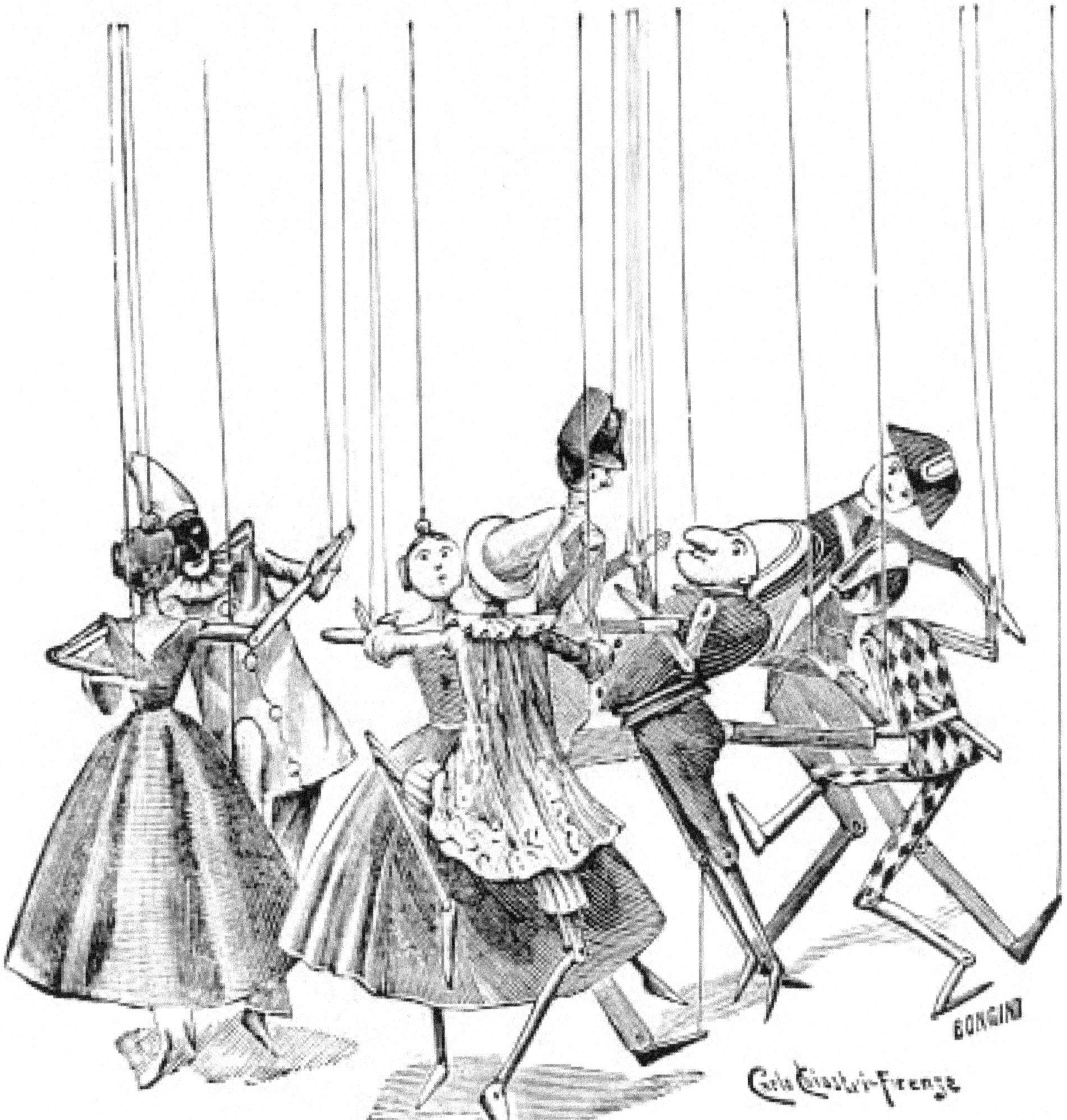
BONGINI
Carlo Chiostri-Firenze

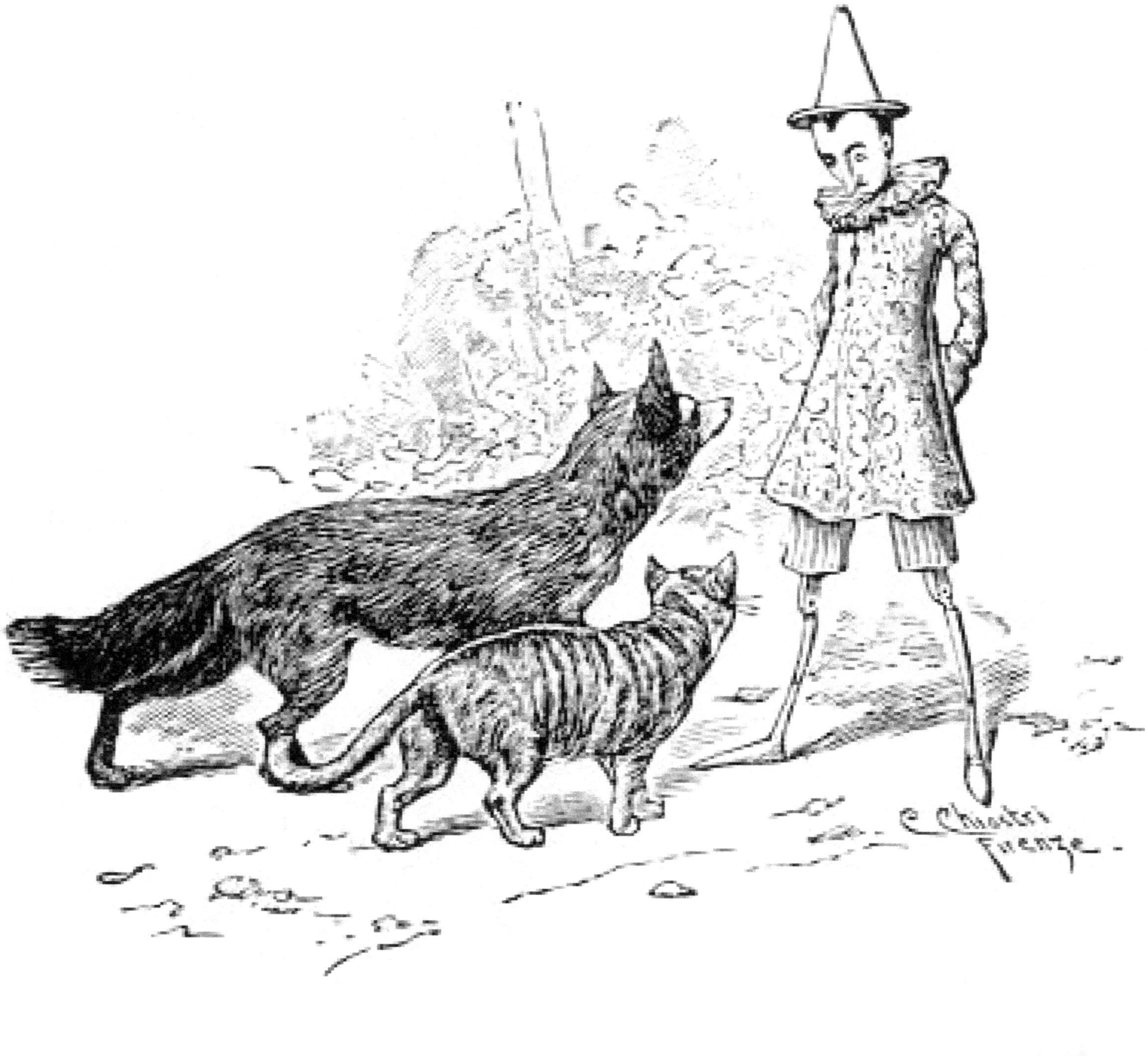
C. Chiostri
Firenze

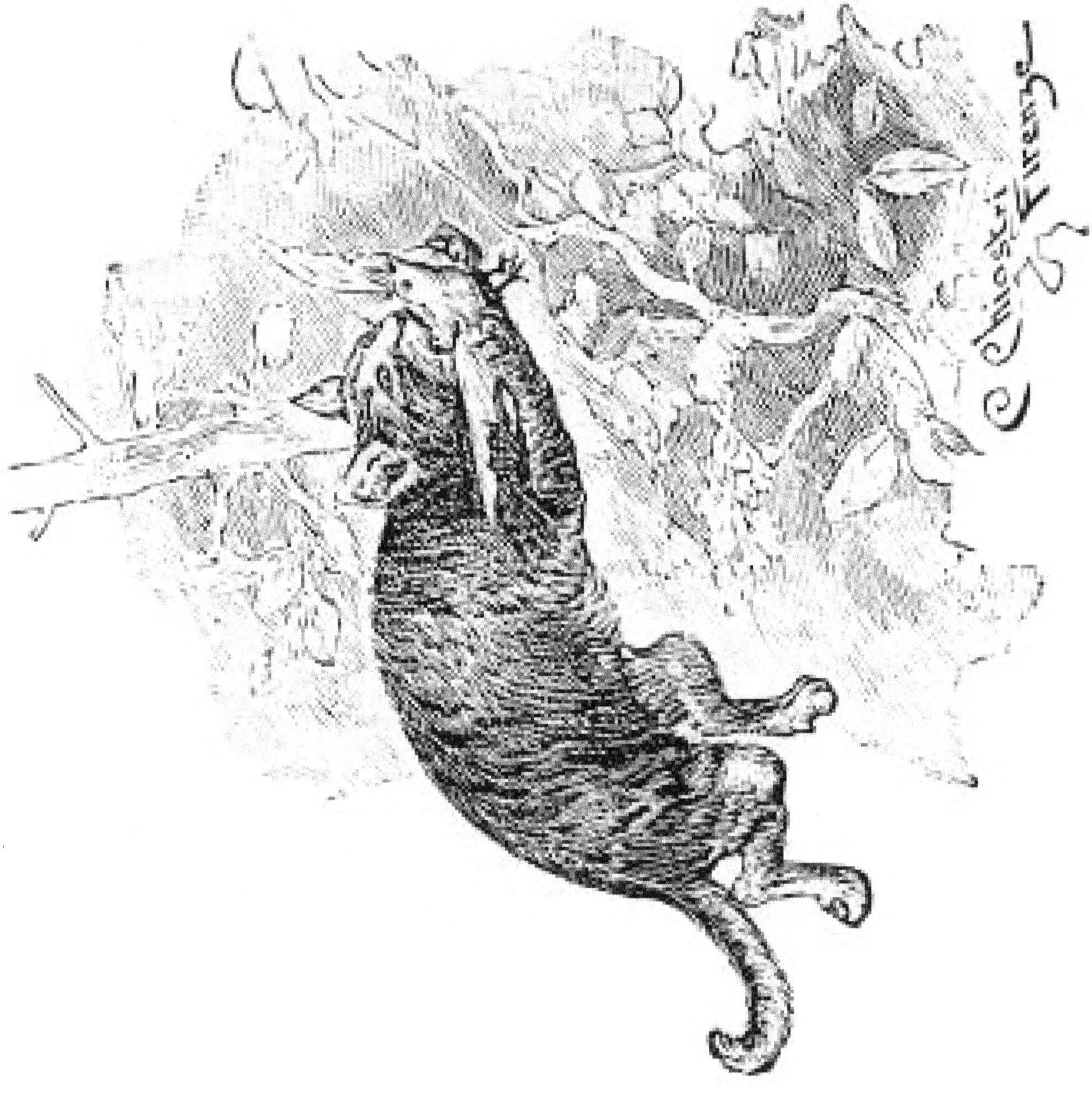

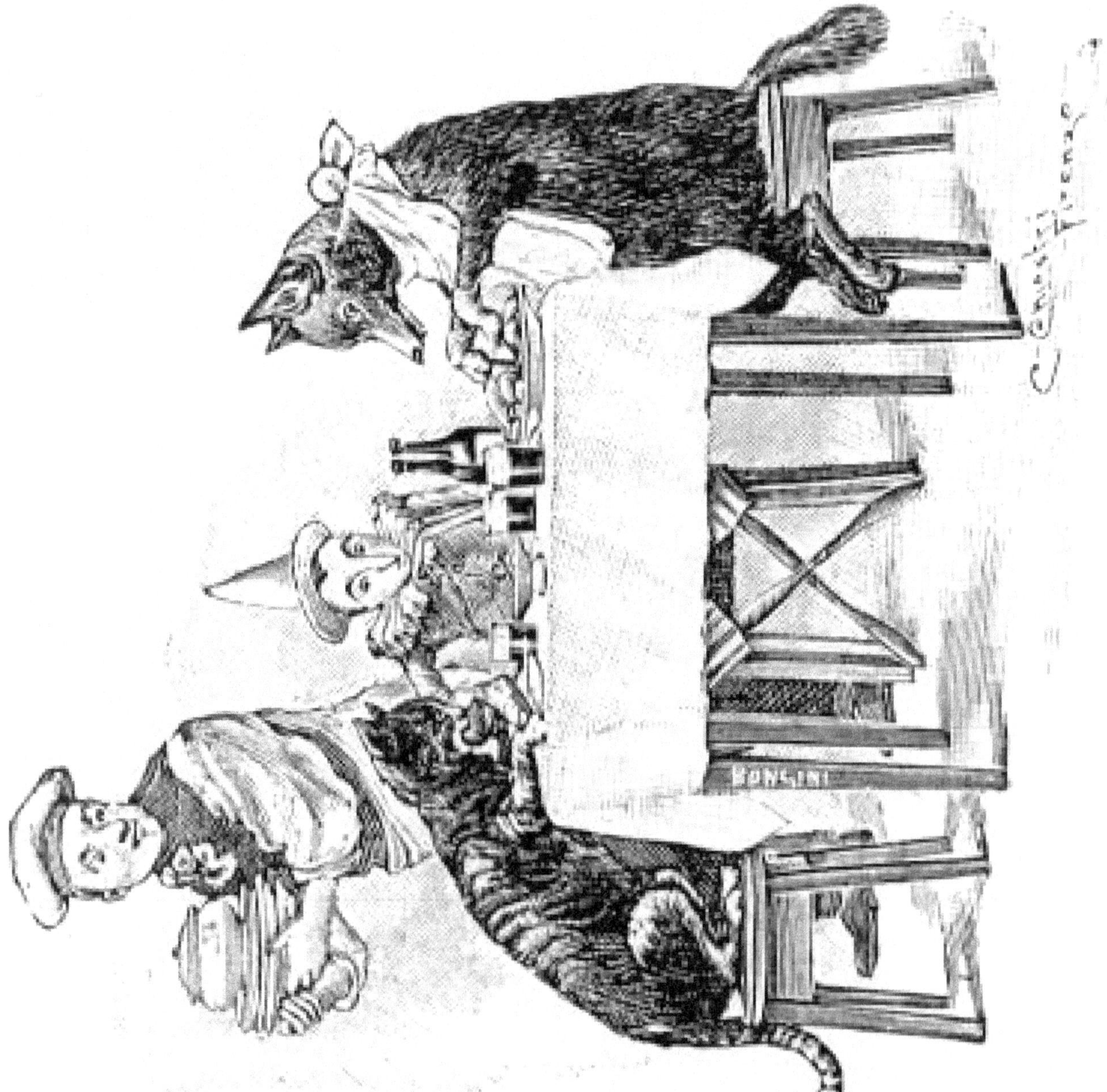

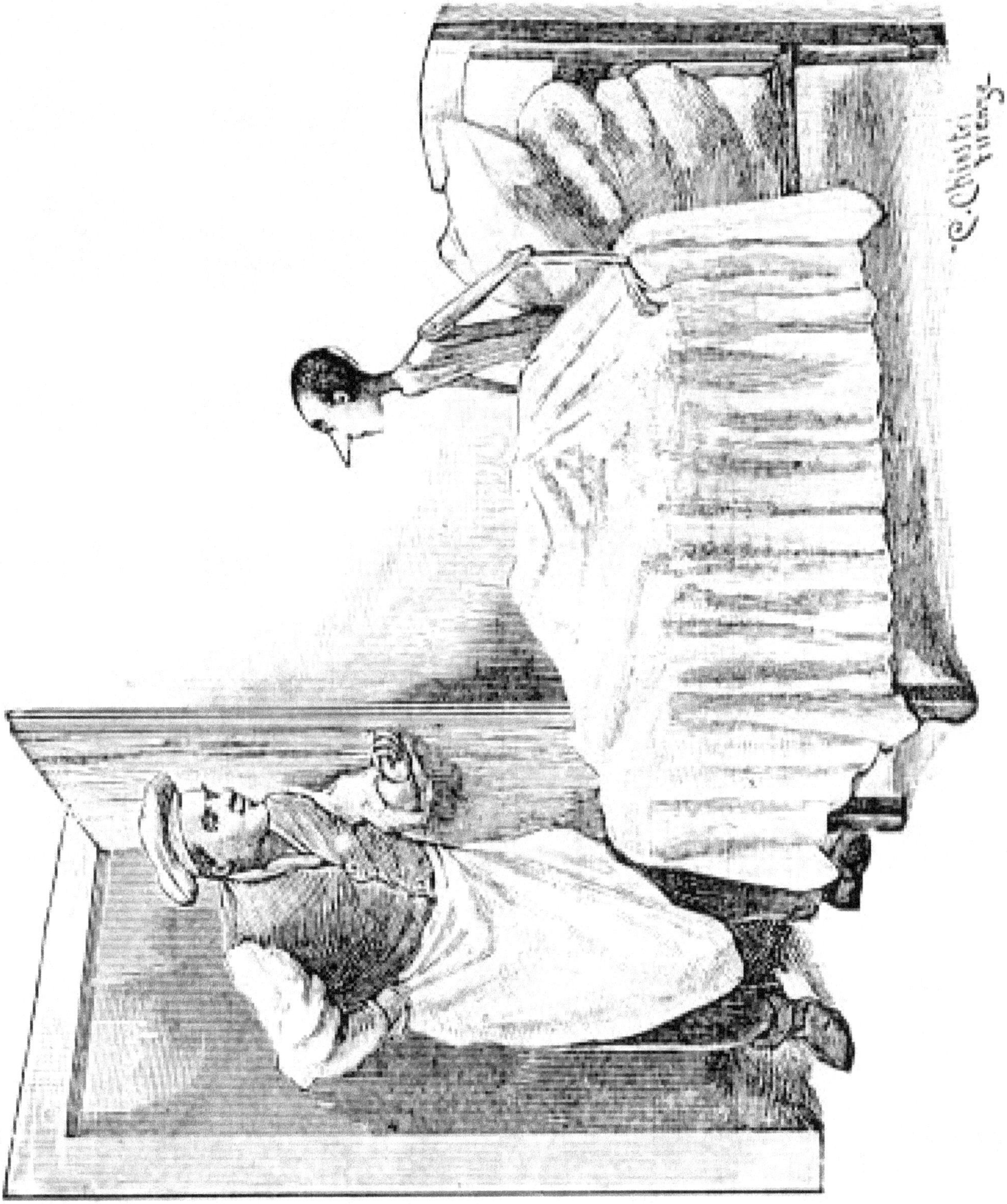

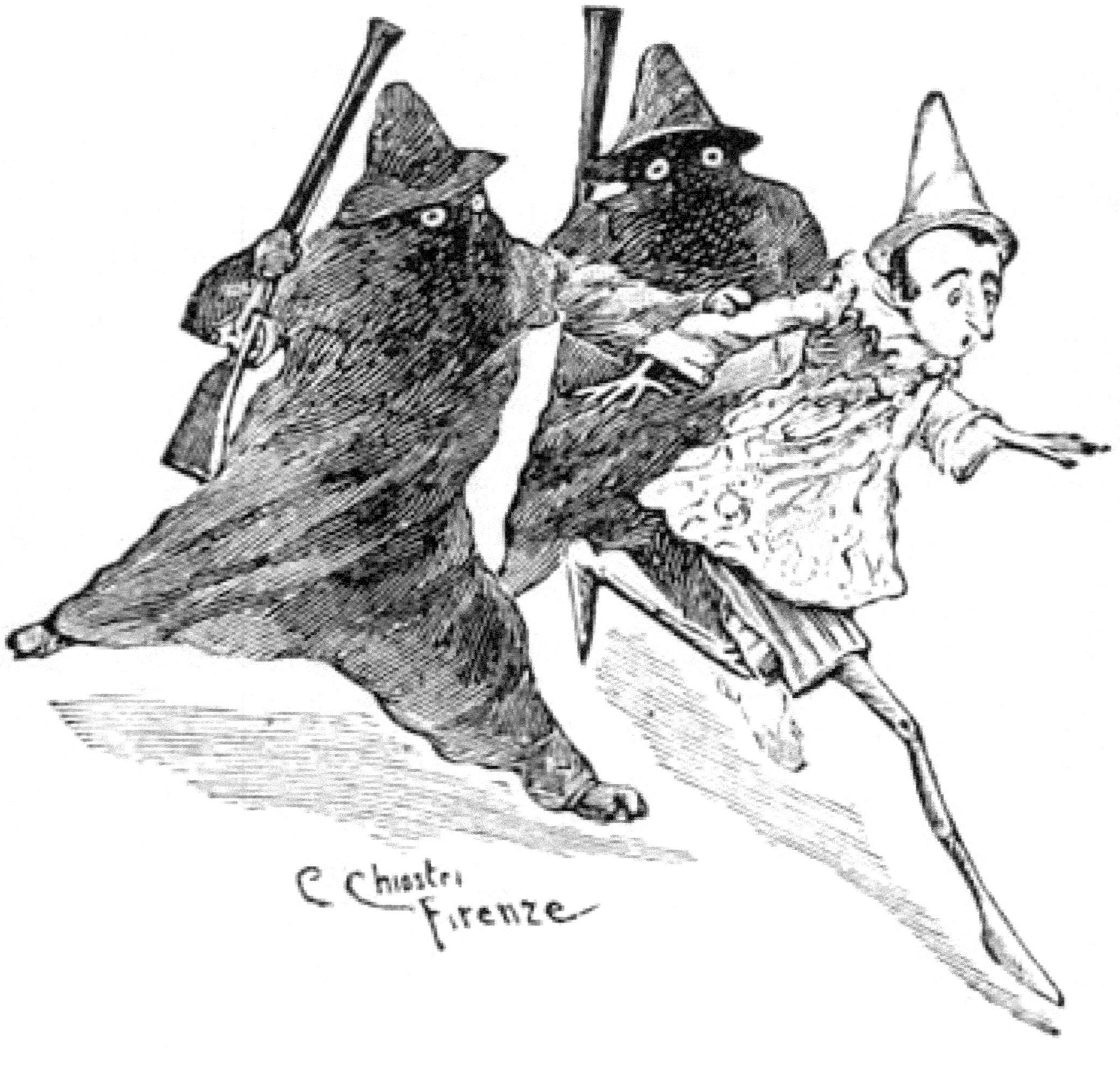
C. Chiostri
Firenze

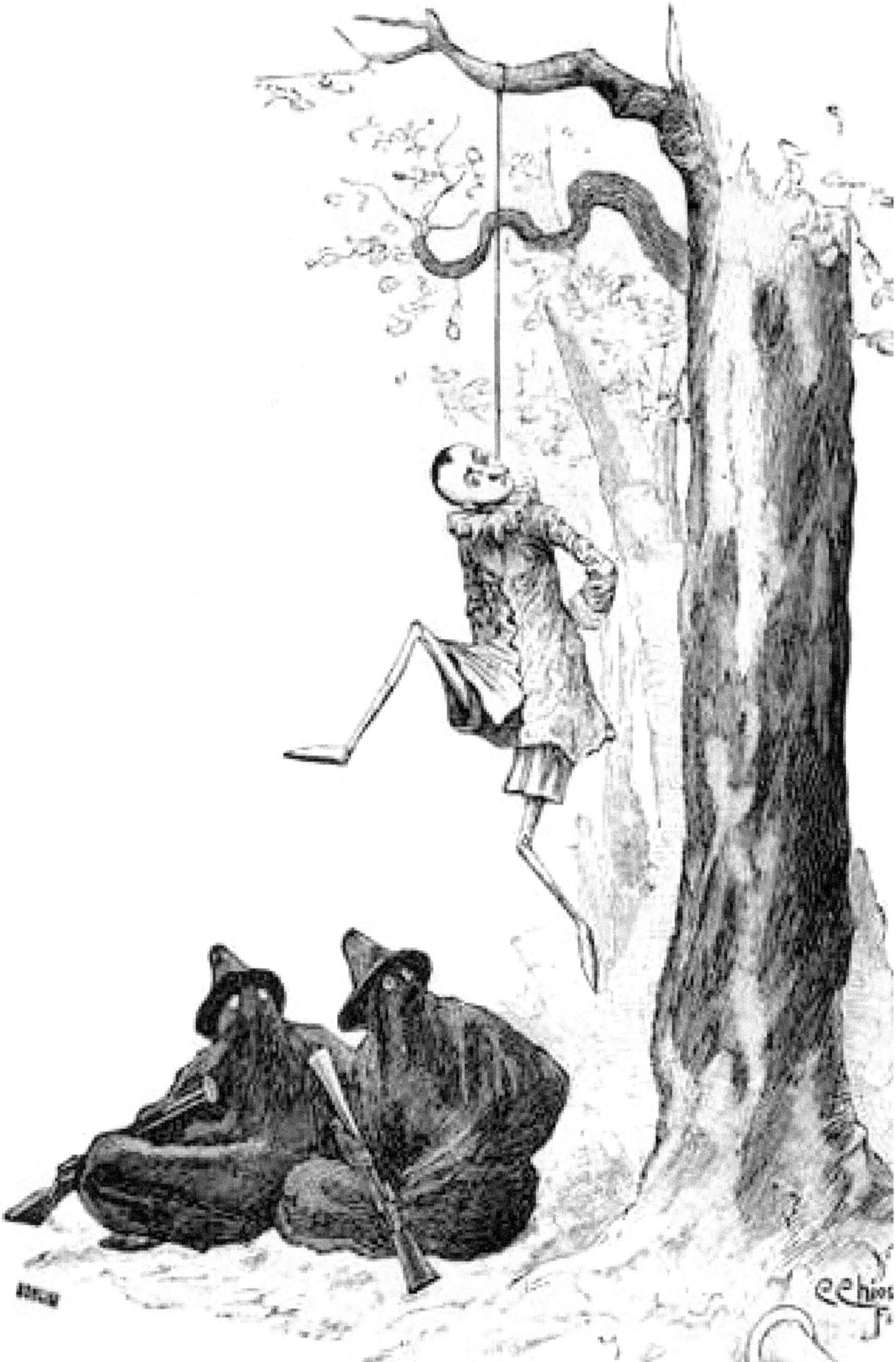

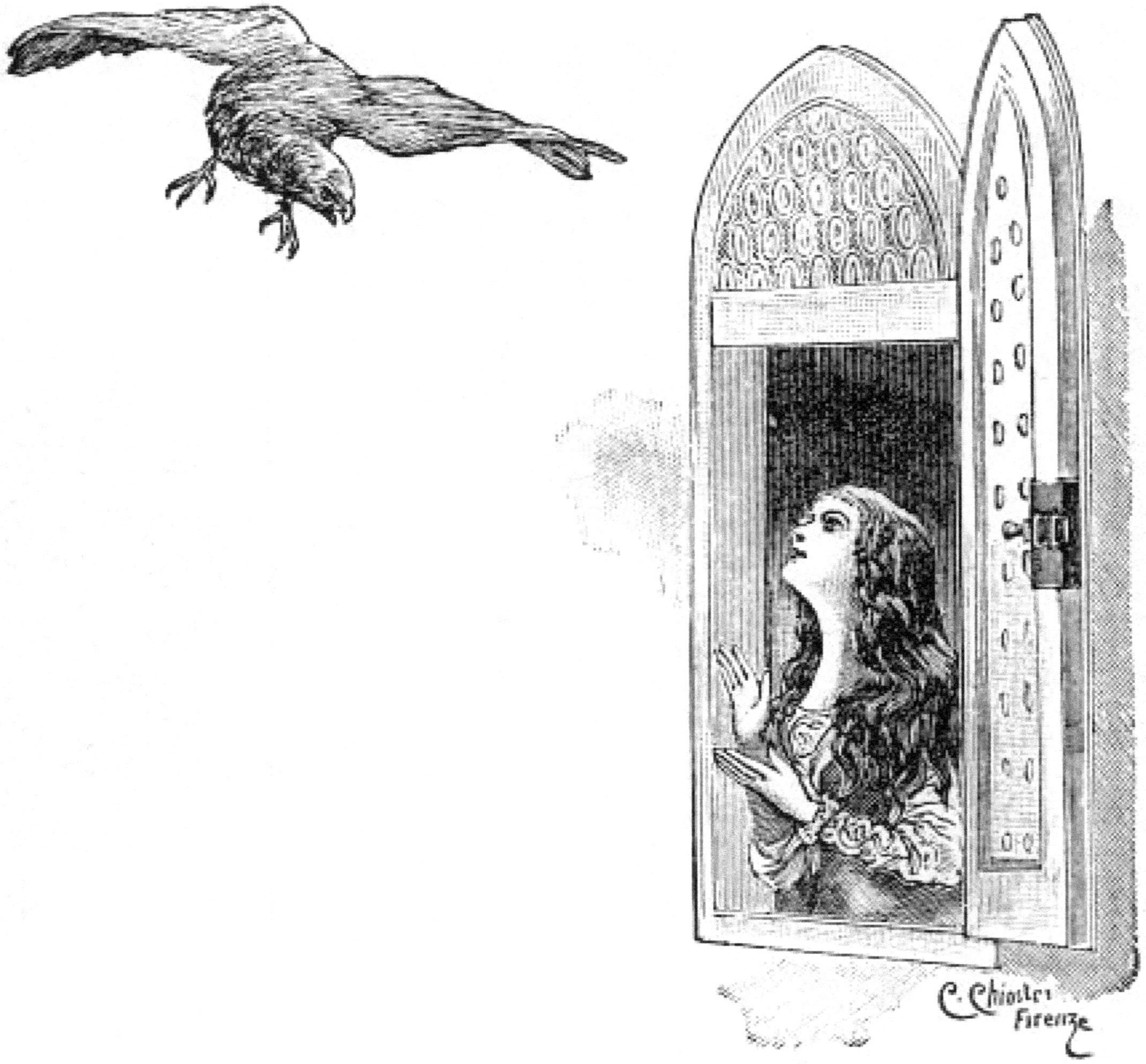
C. Chiostri
Firenze

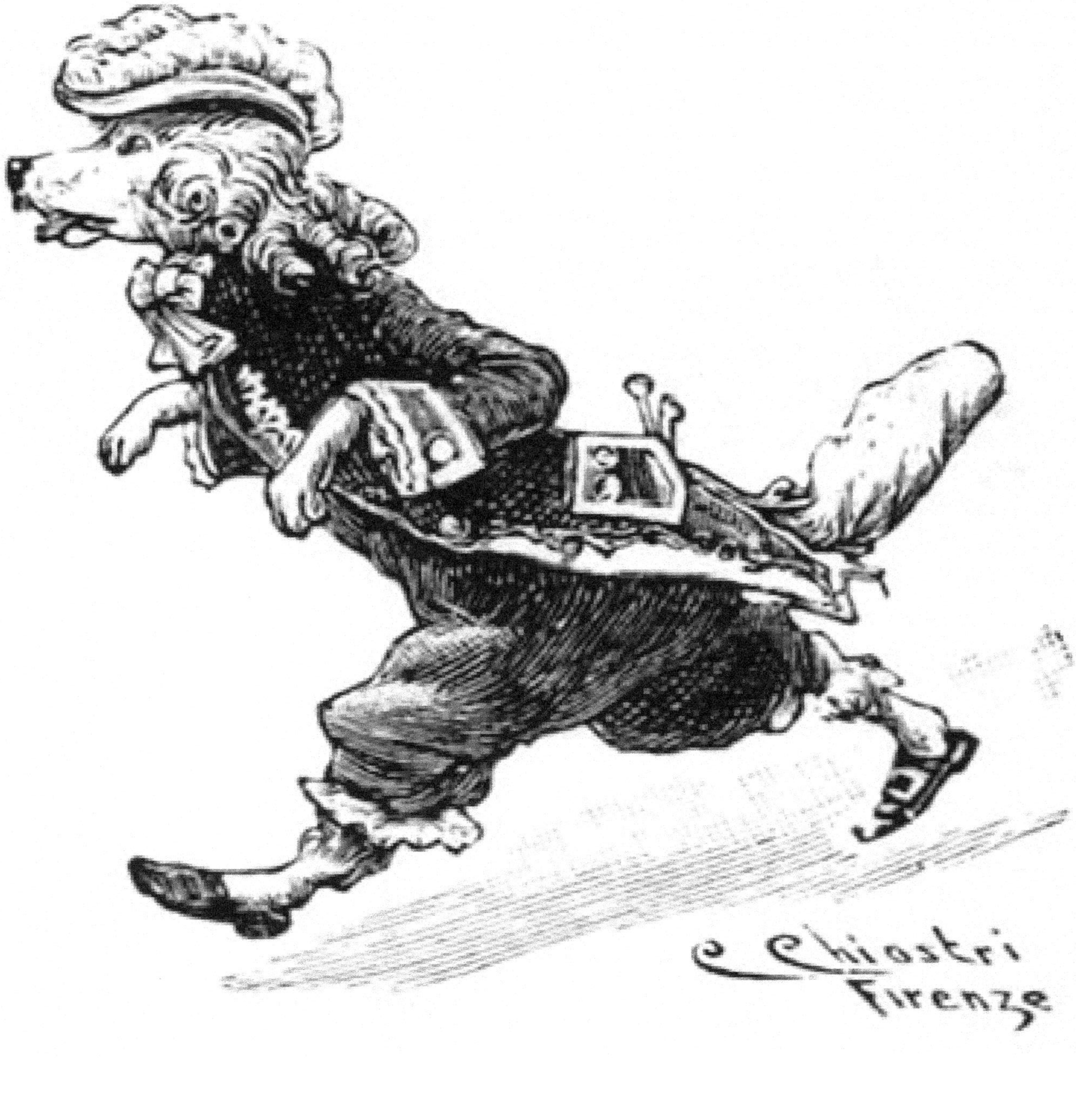
C. Chiostri
Firenze

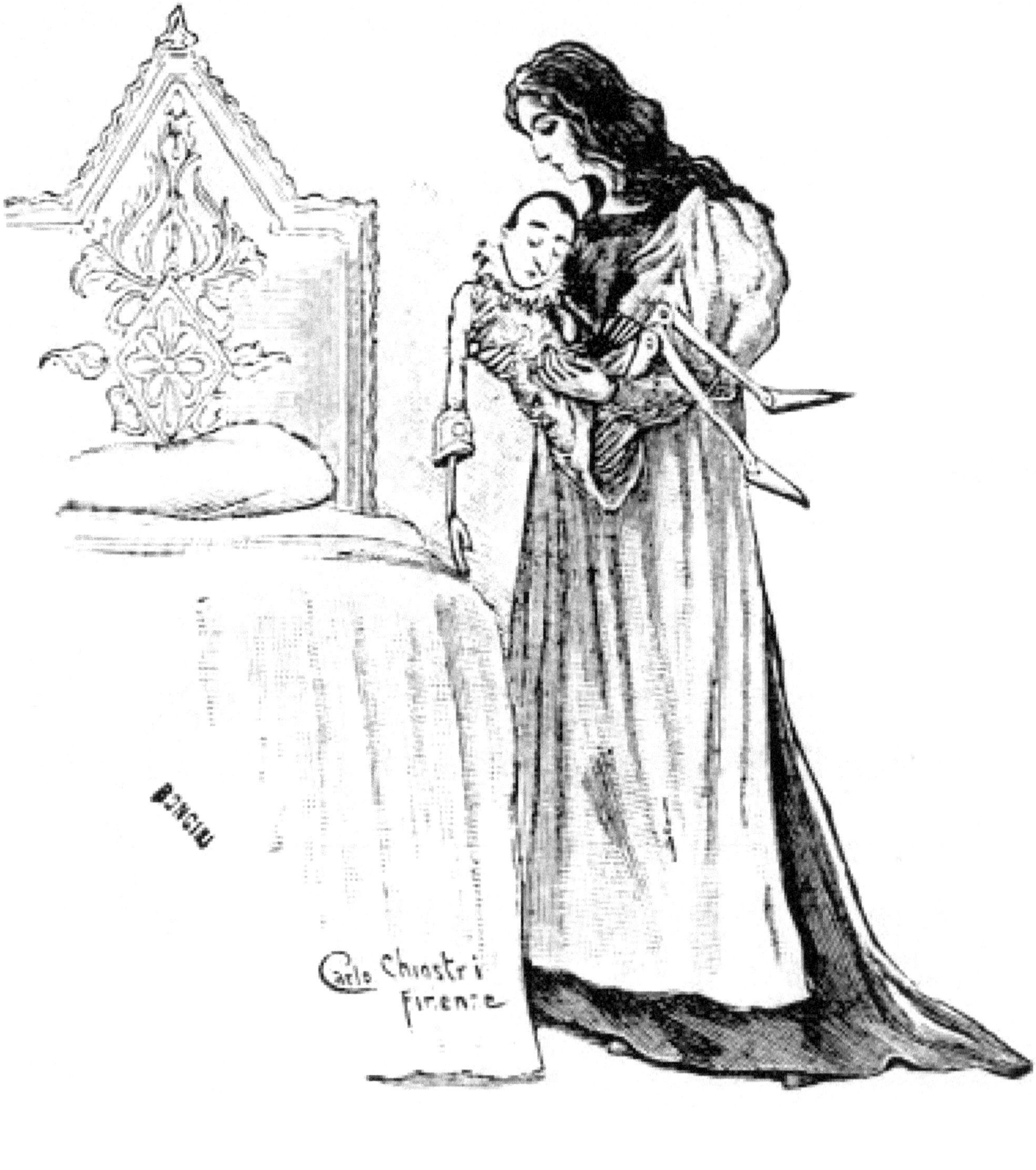
Carlo Chiostri
Firenze

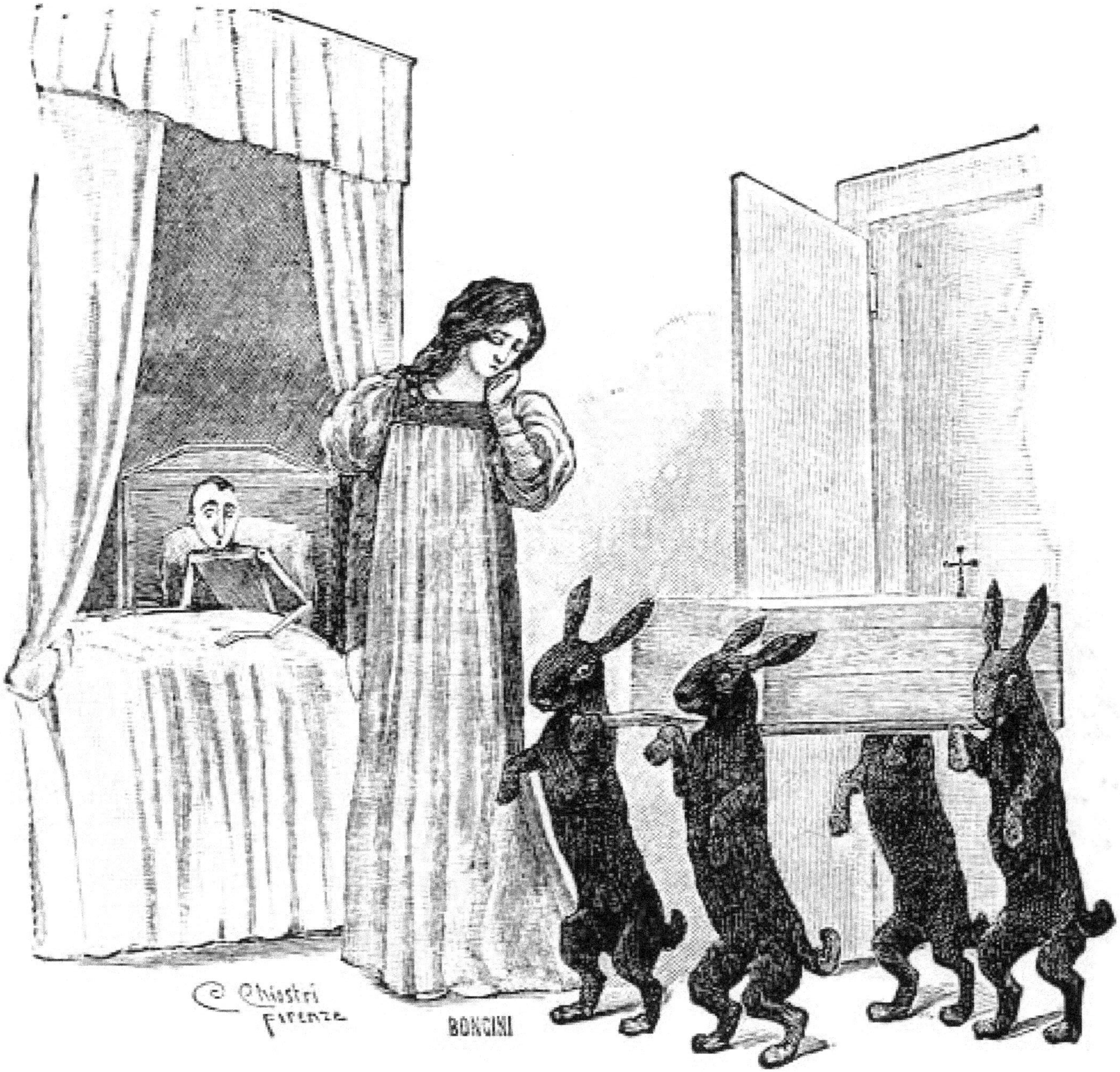
C. Chiostri
Firenze
BONGINI

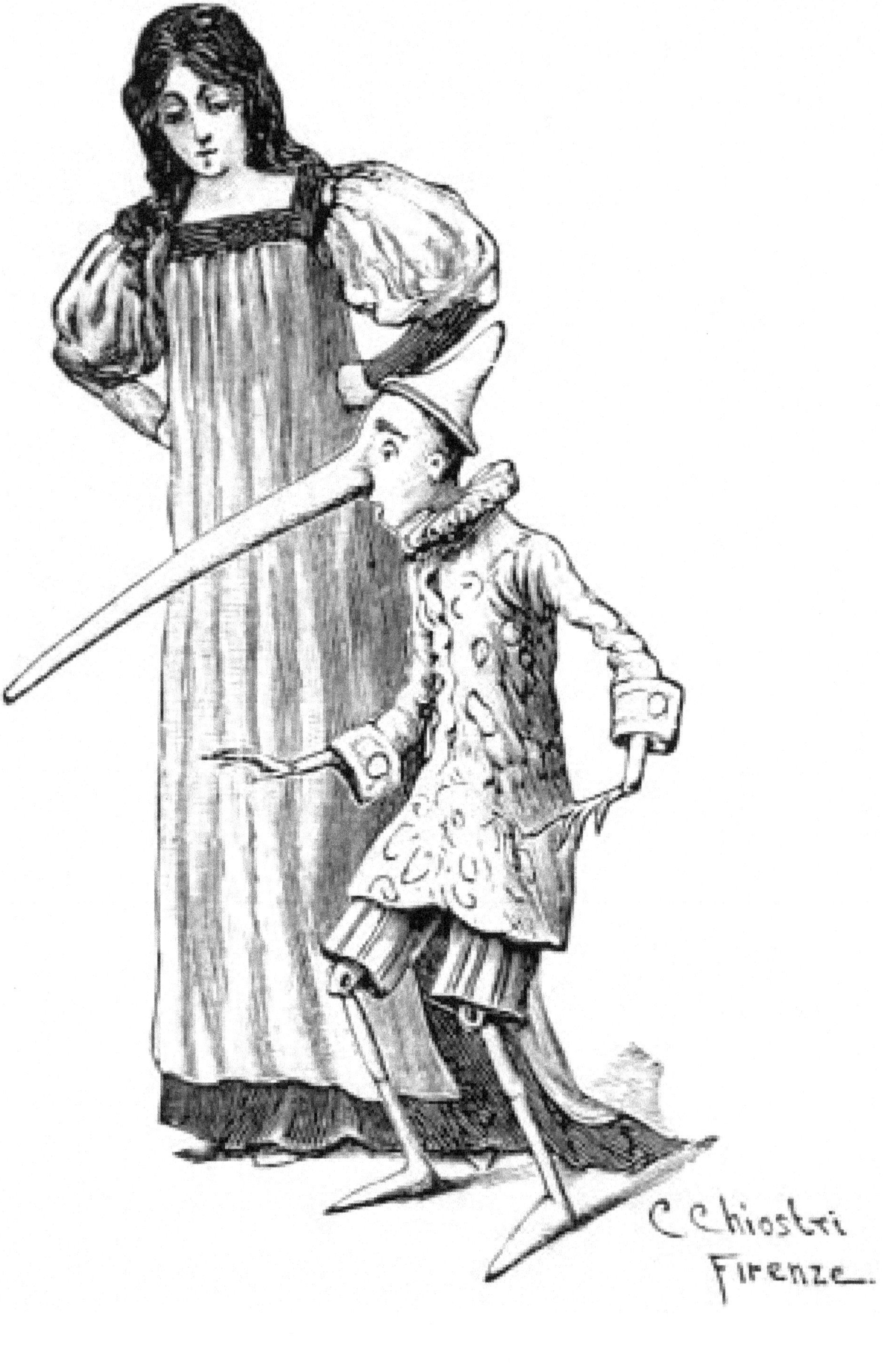
C Chiostri
Firenze

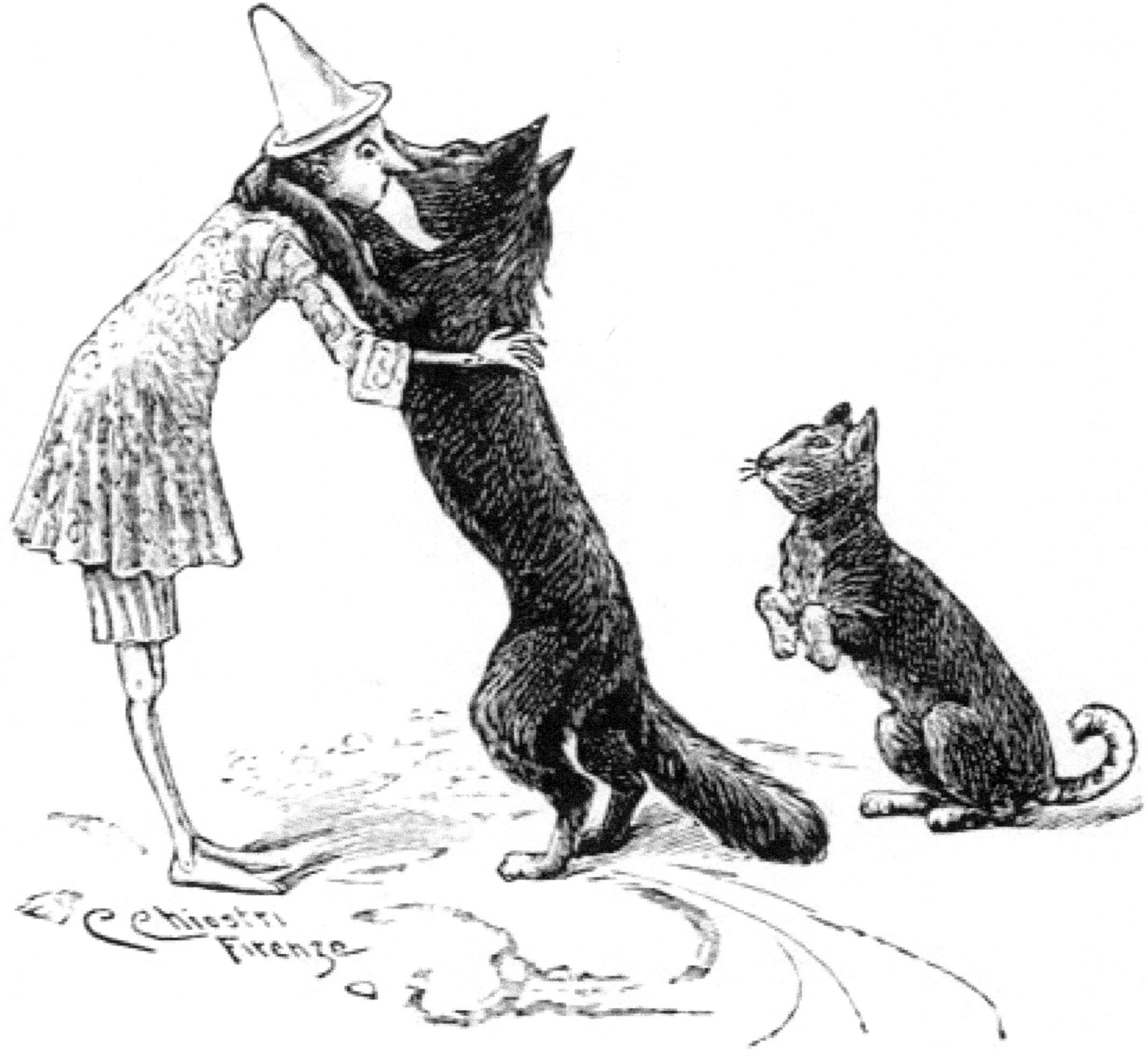
Chiostri
Firenze

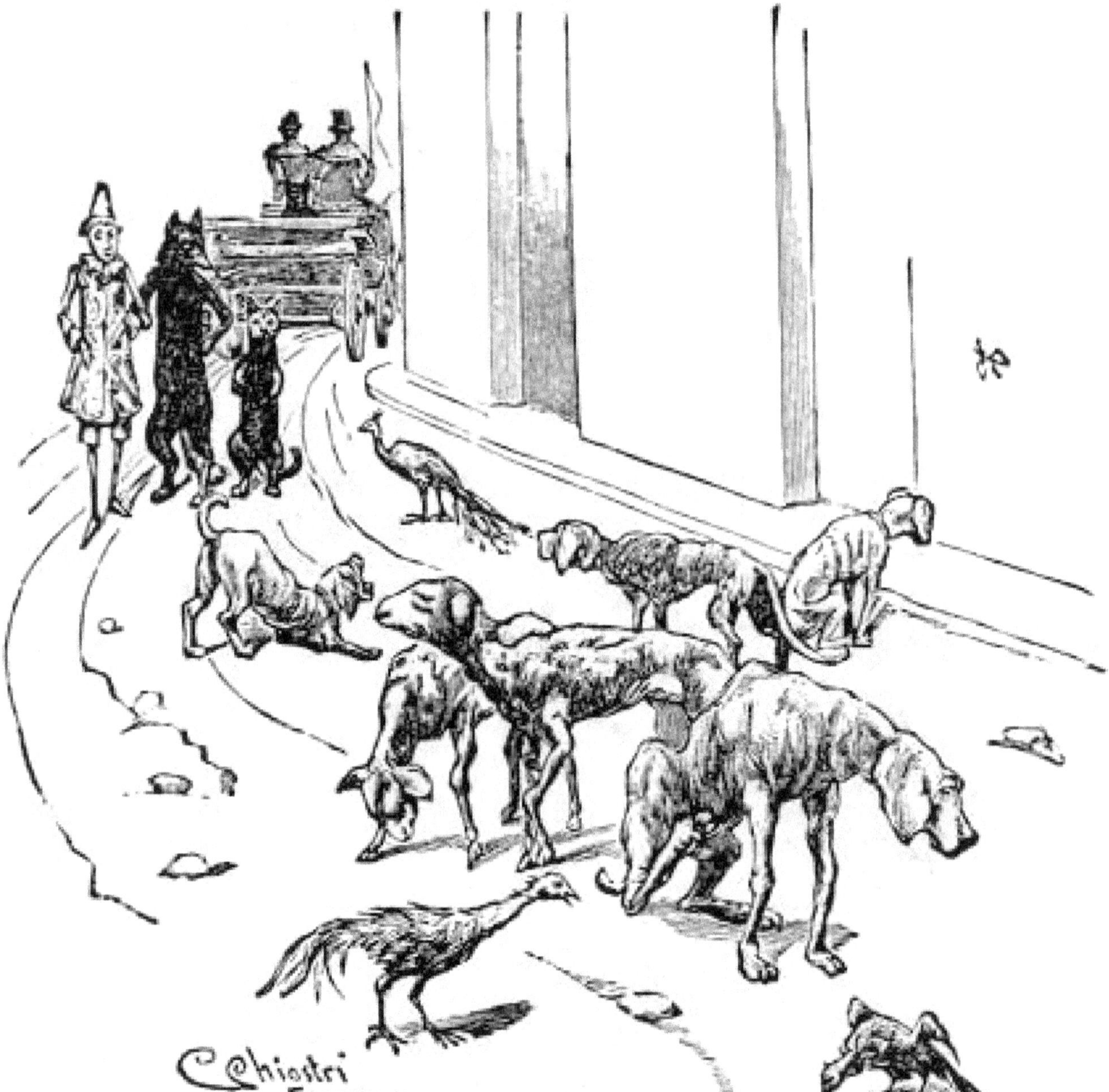

Chiostri
Firenze

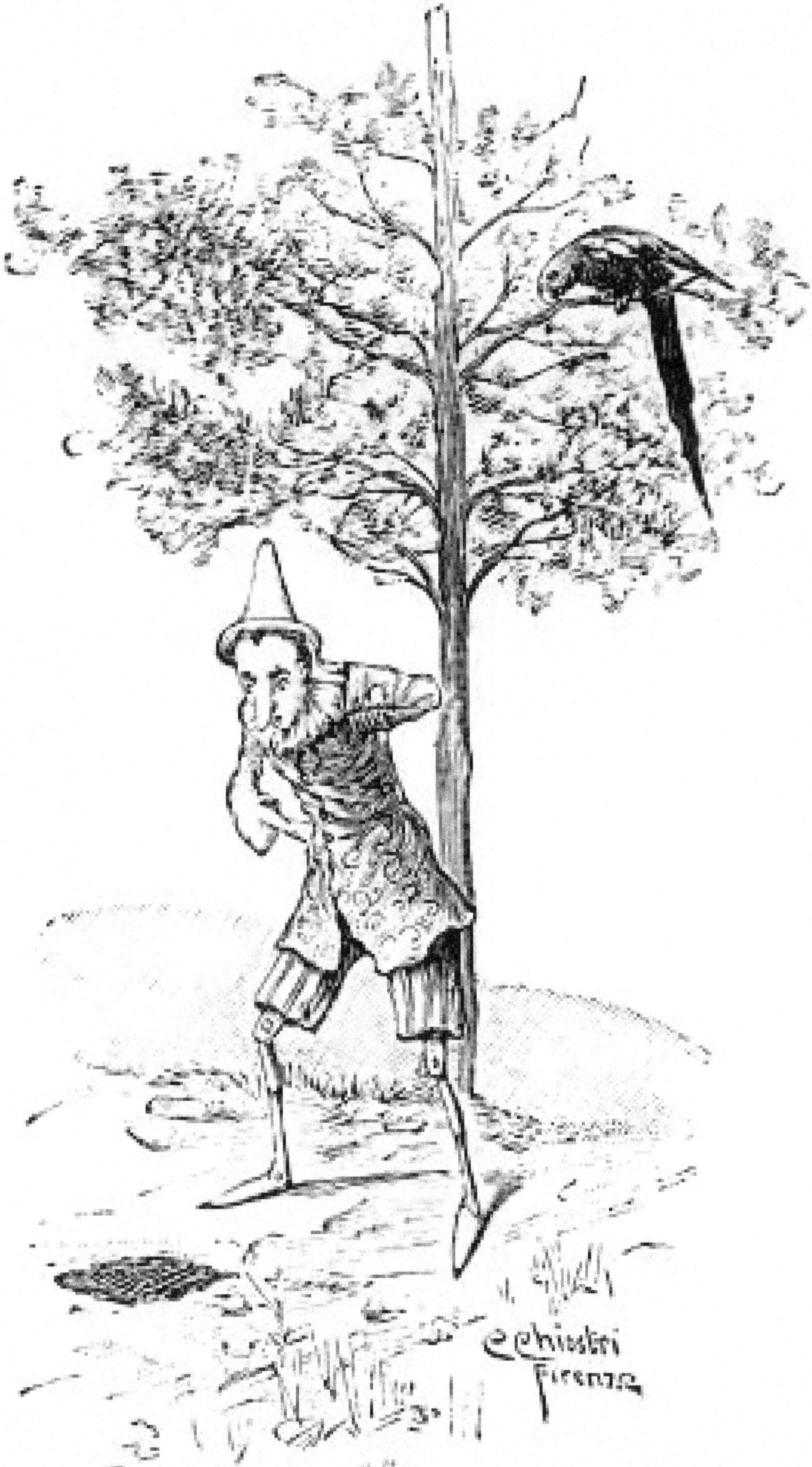
C Chiostri
Firenze

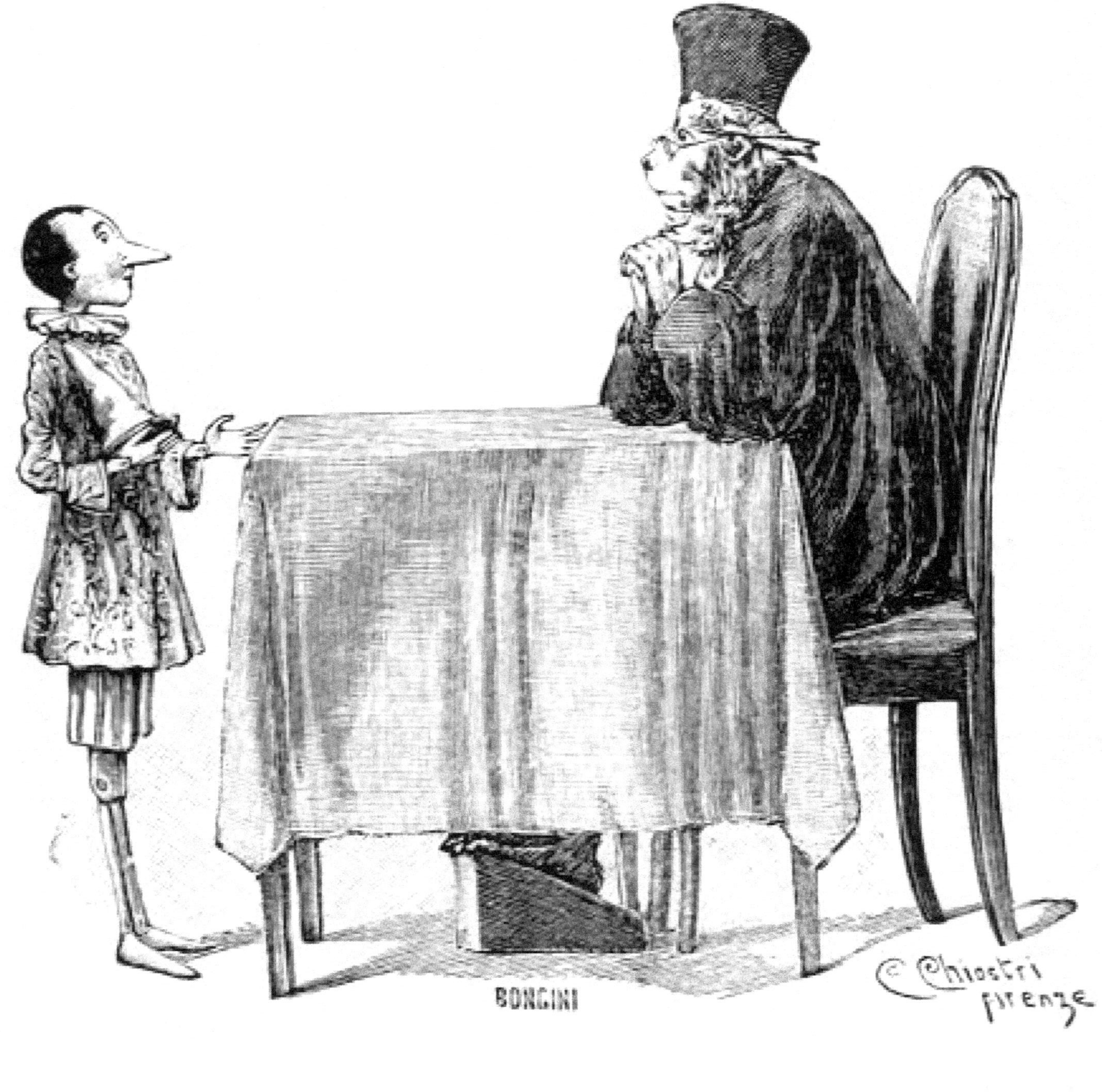
BONCINI
C. Chiostri
Firenze

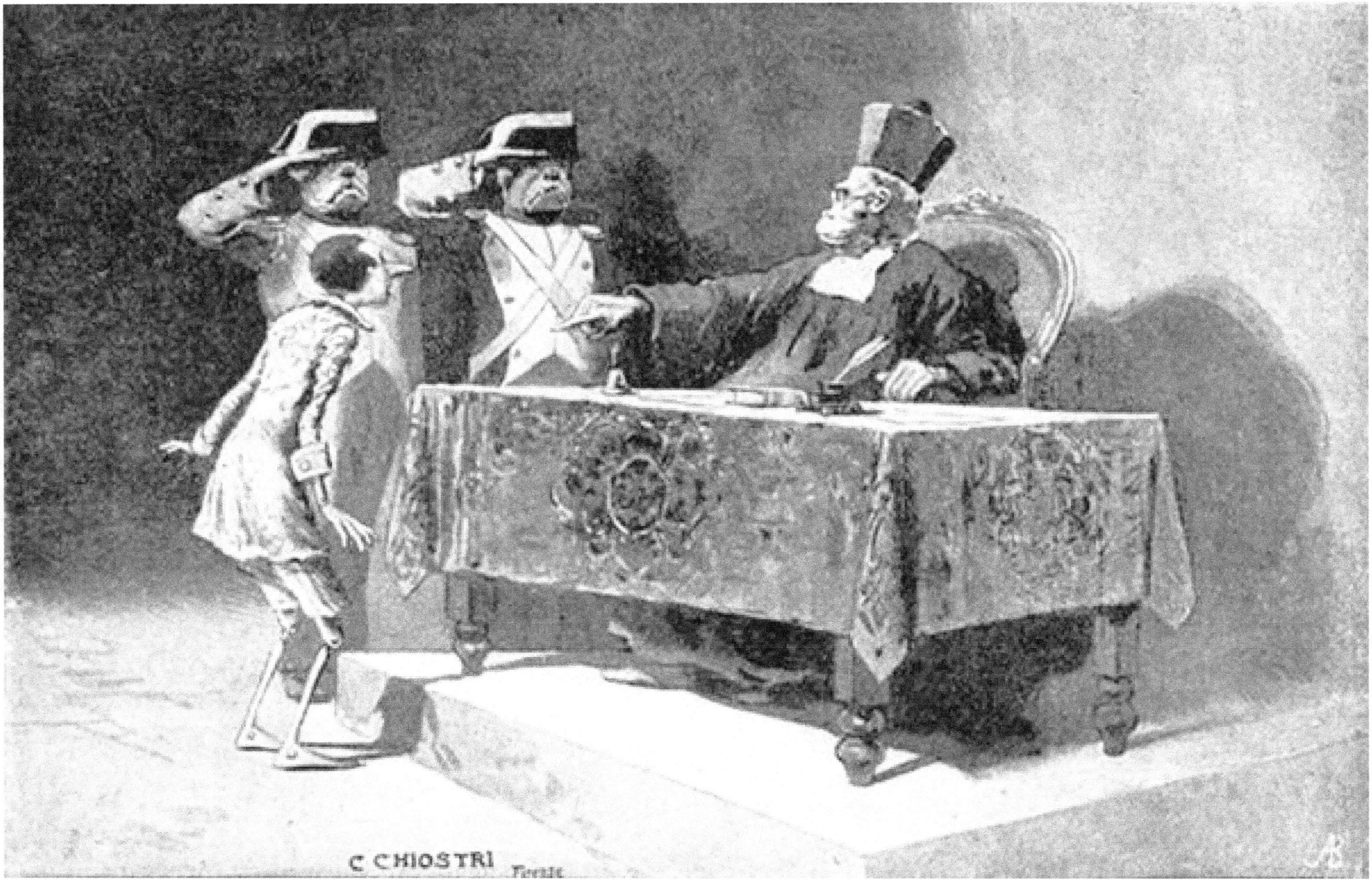
C CHIOSTRI

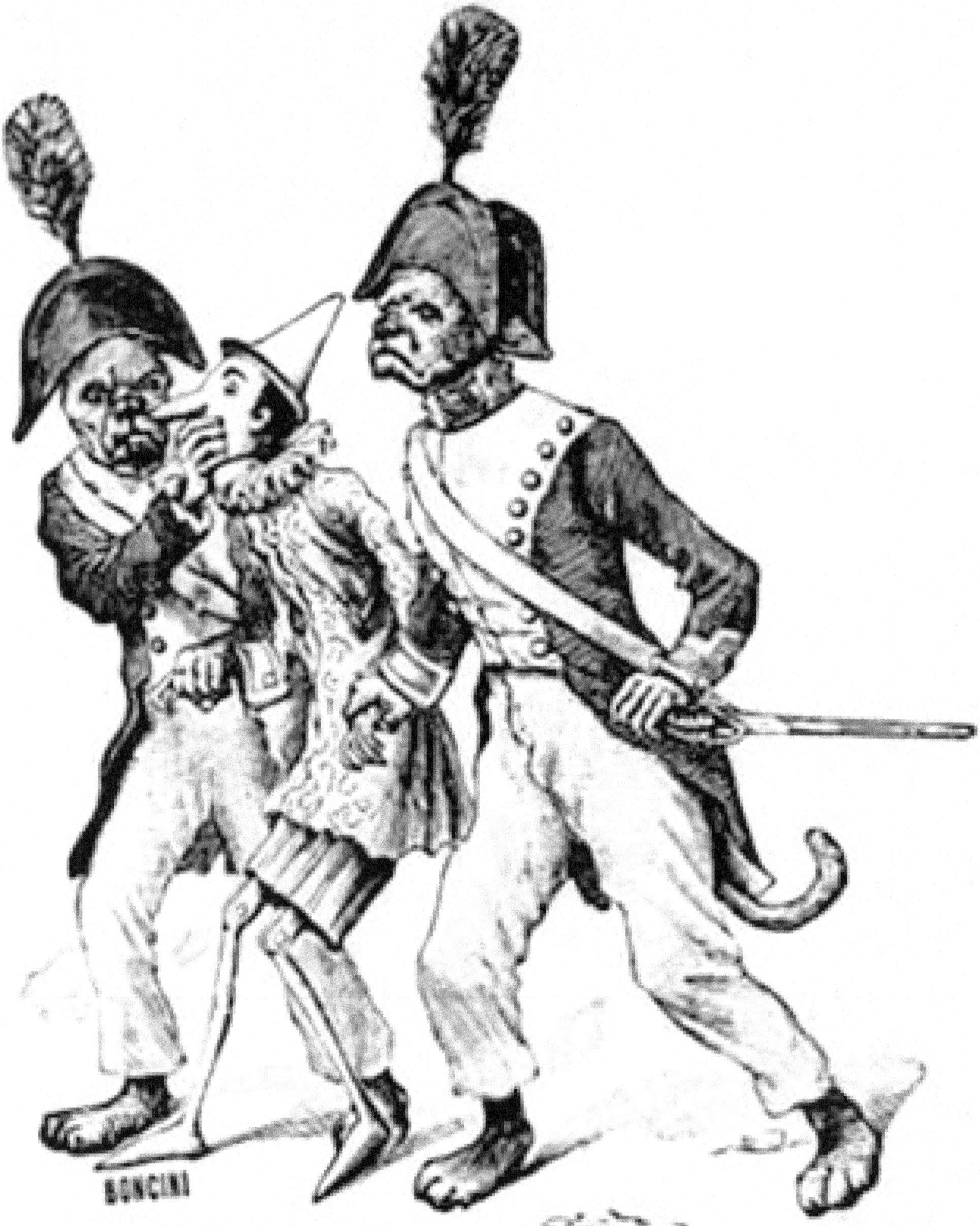

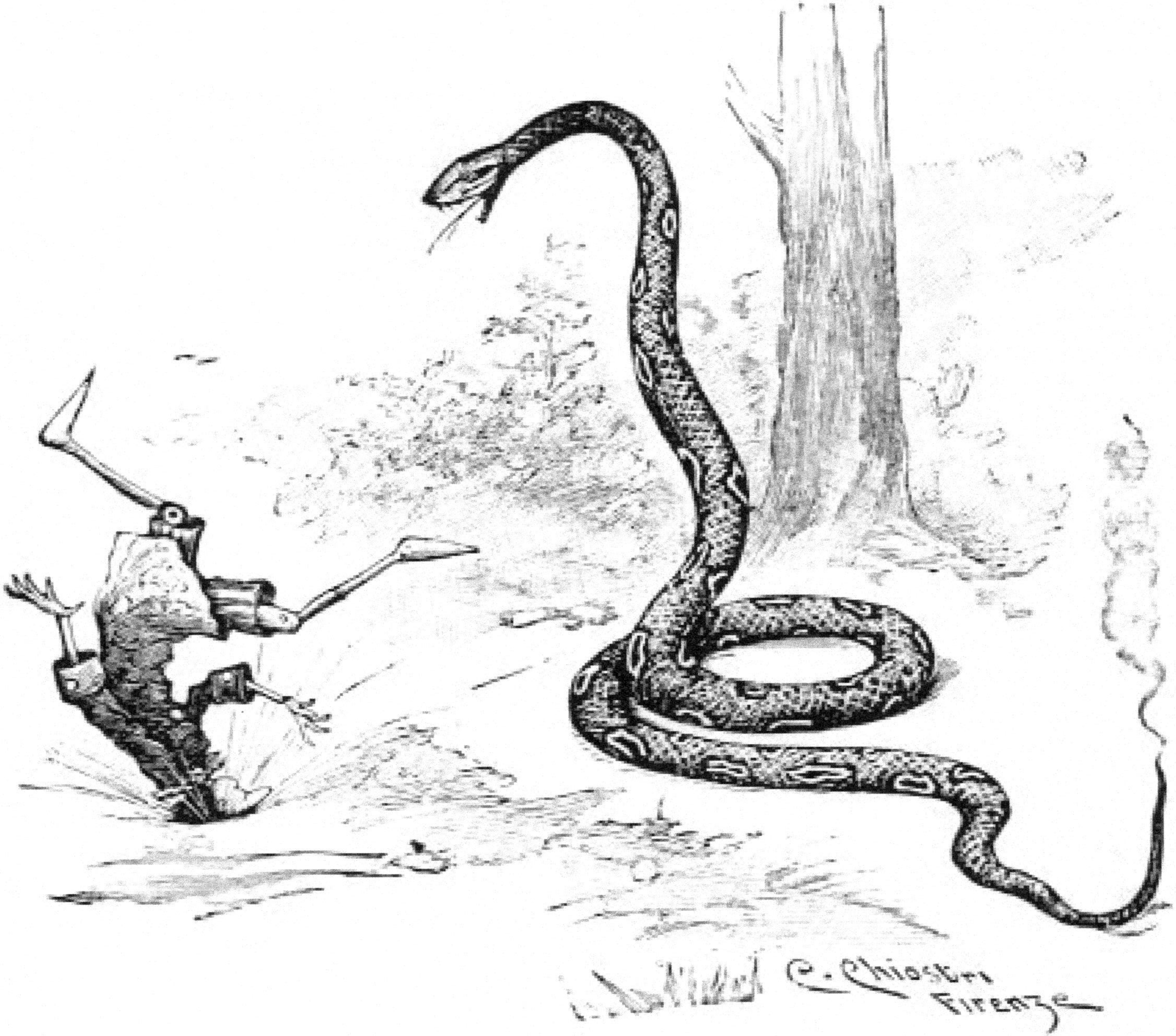
C. Chiostri
Firenze

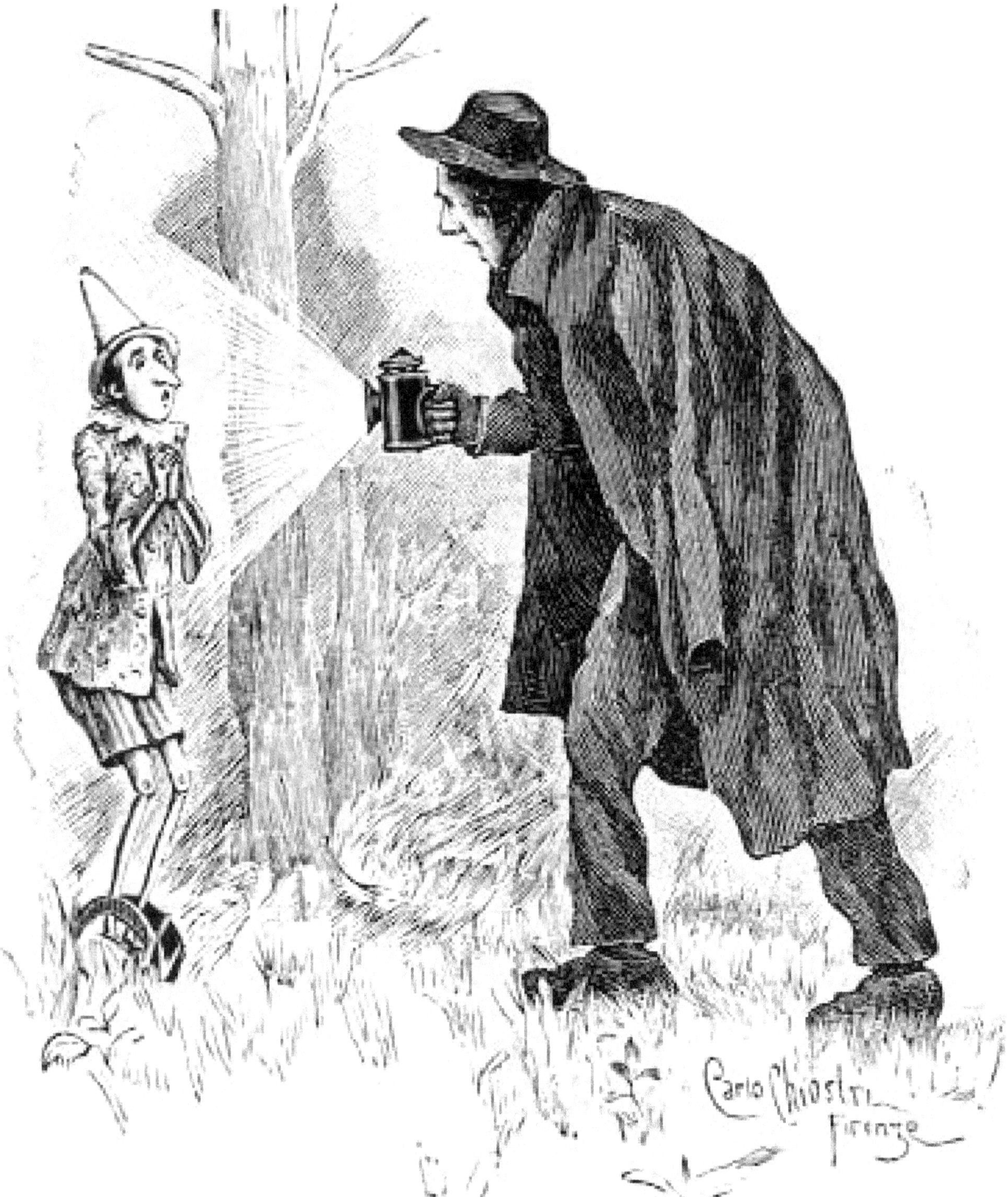
Carlo Chiostri
Firenze

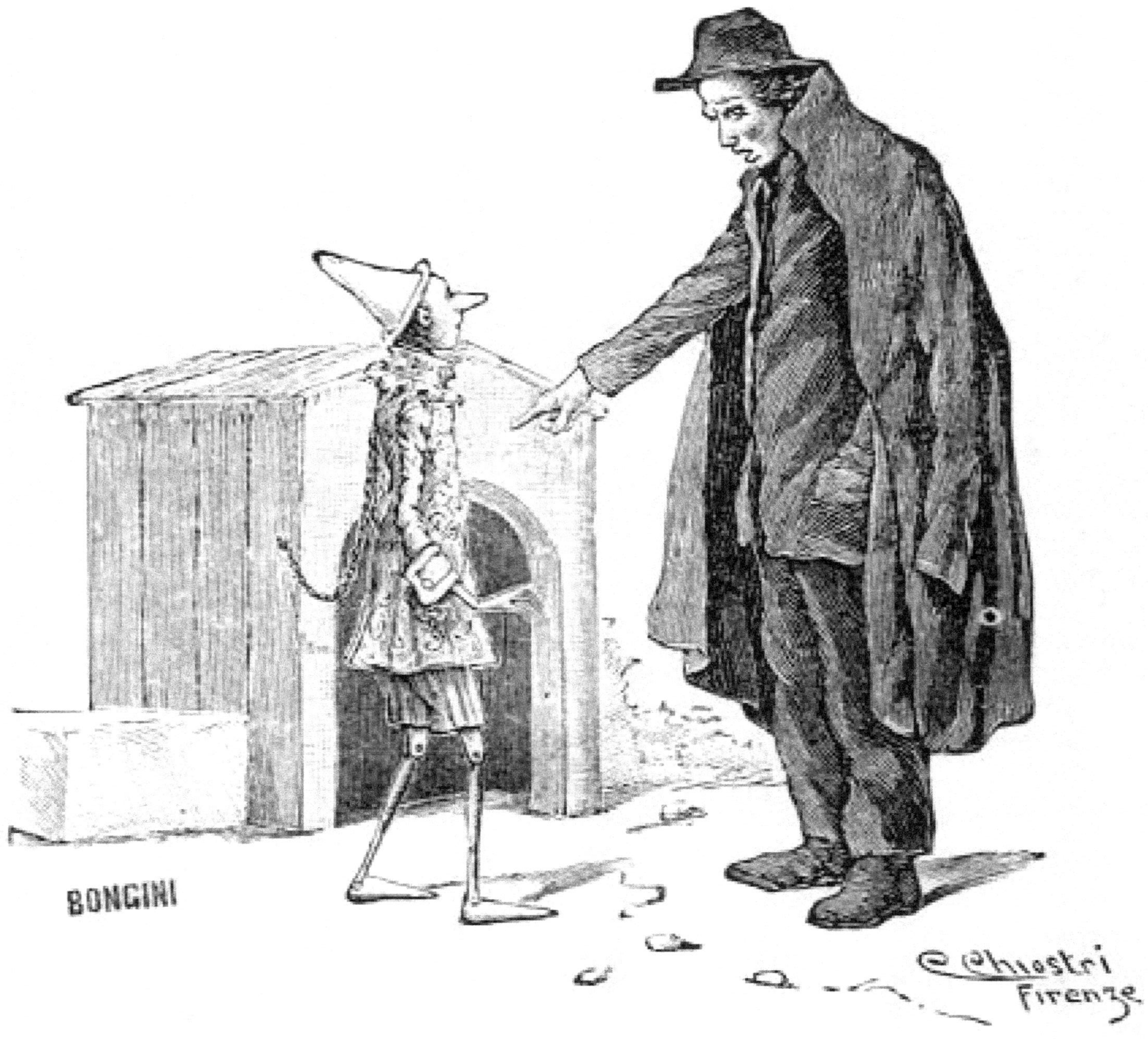
BONGINI
C. Chiostri
Firenze

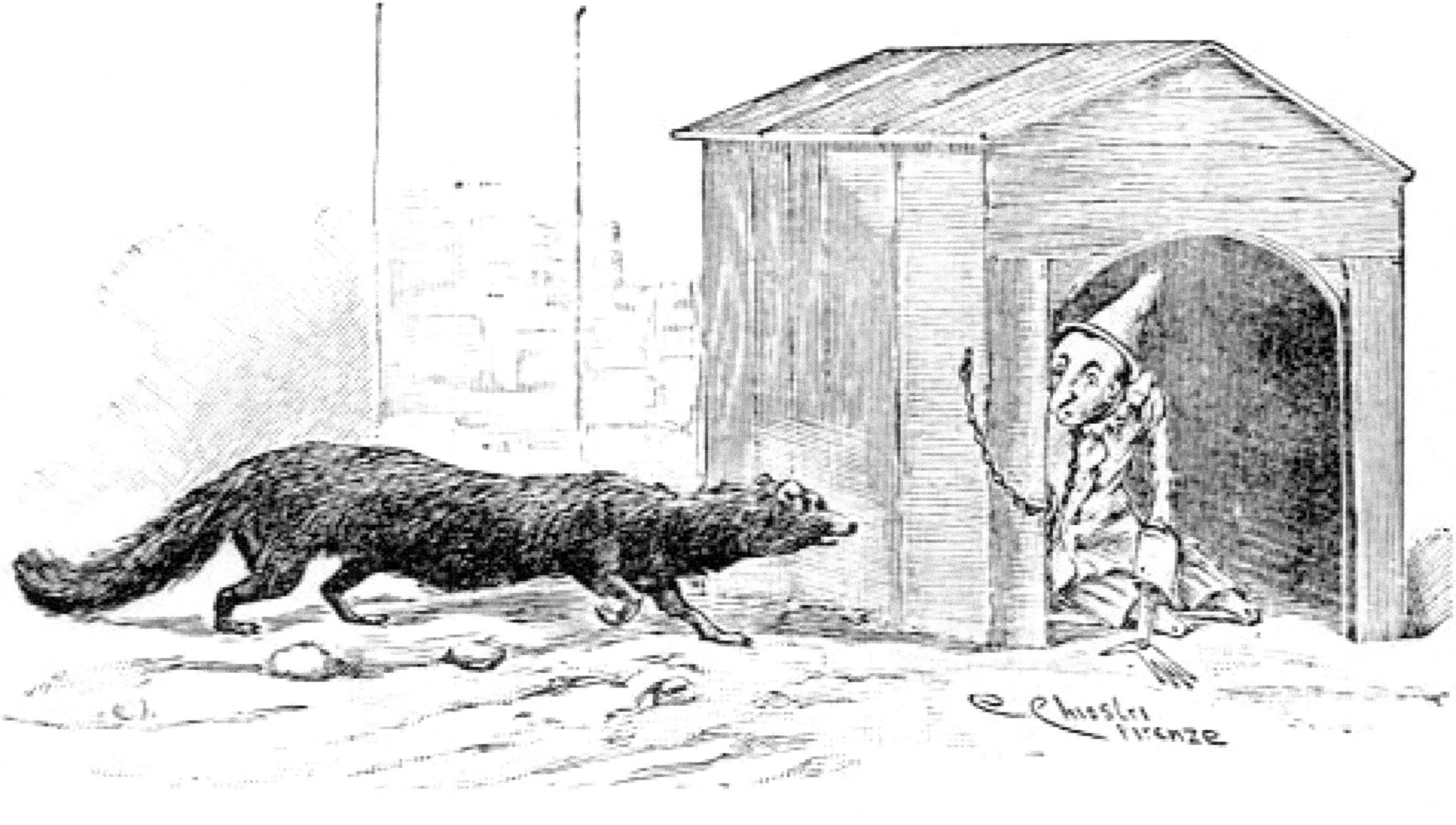
C. Chiostri
Firenze

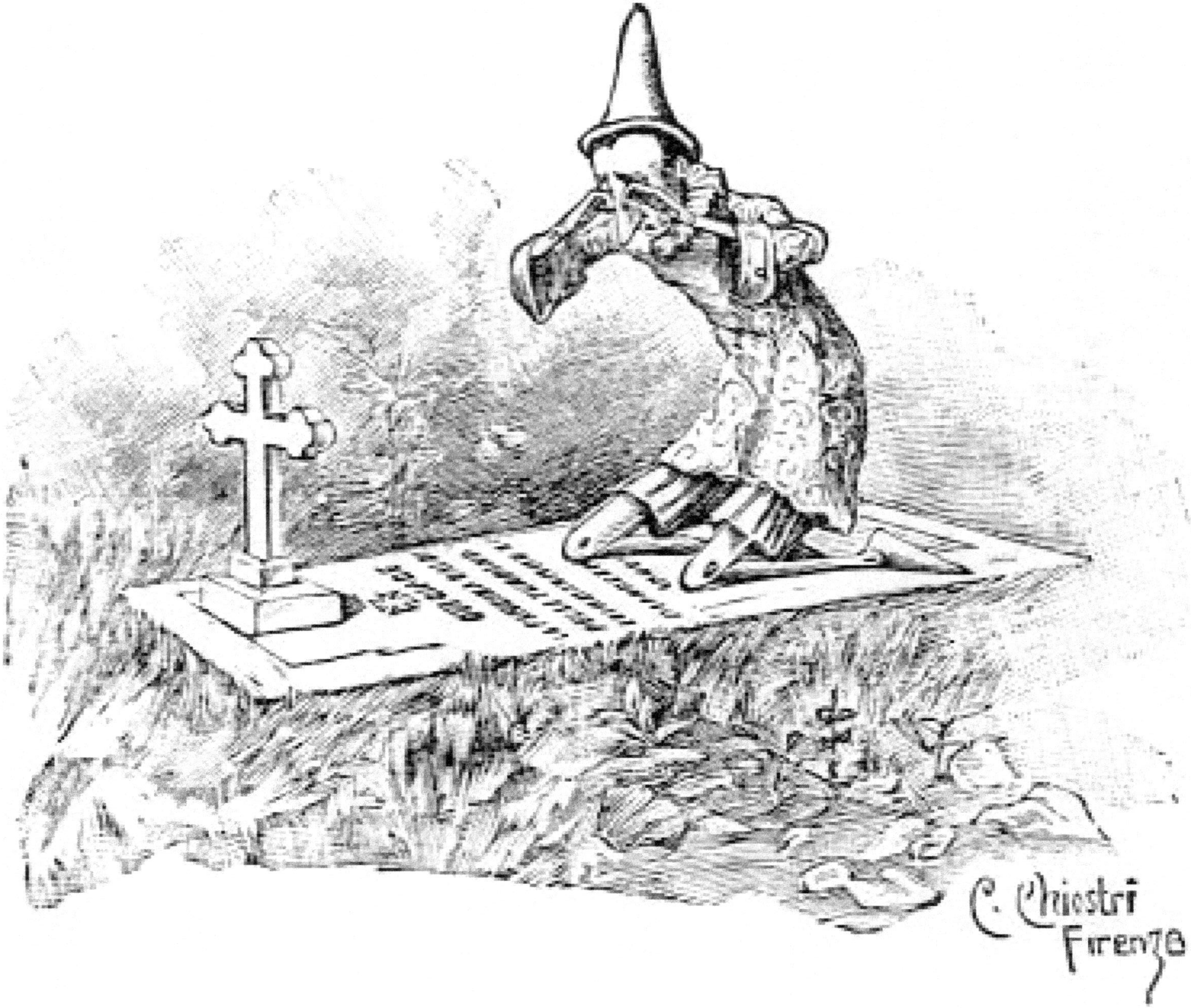
C. Chiostri
Firenze

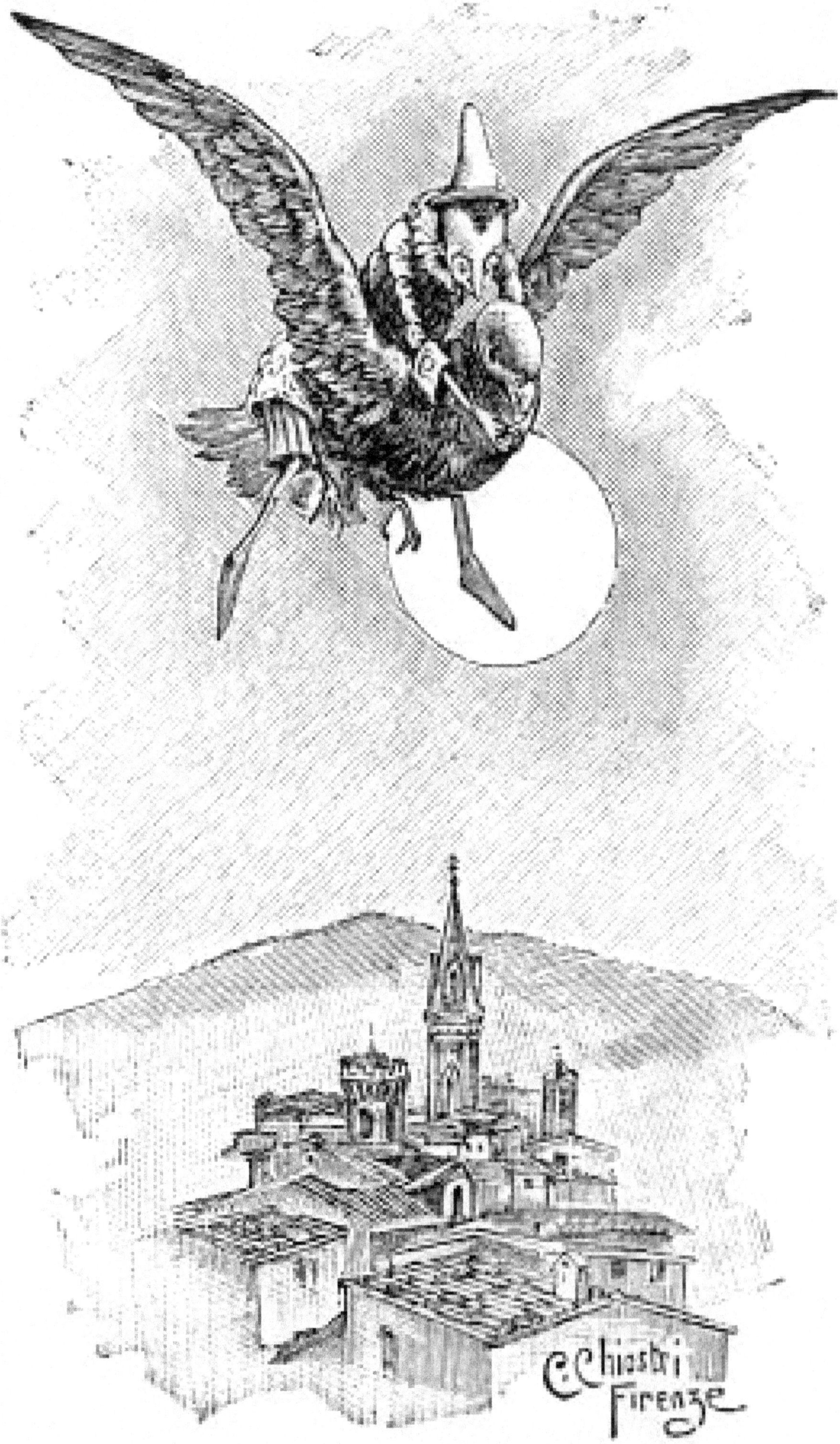
C. Chiostri
Firenze

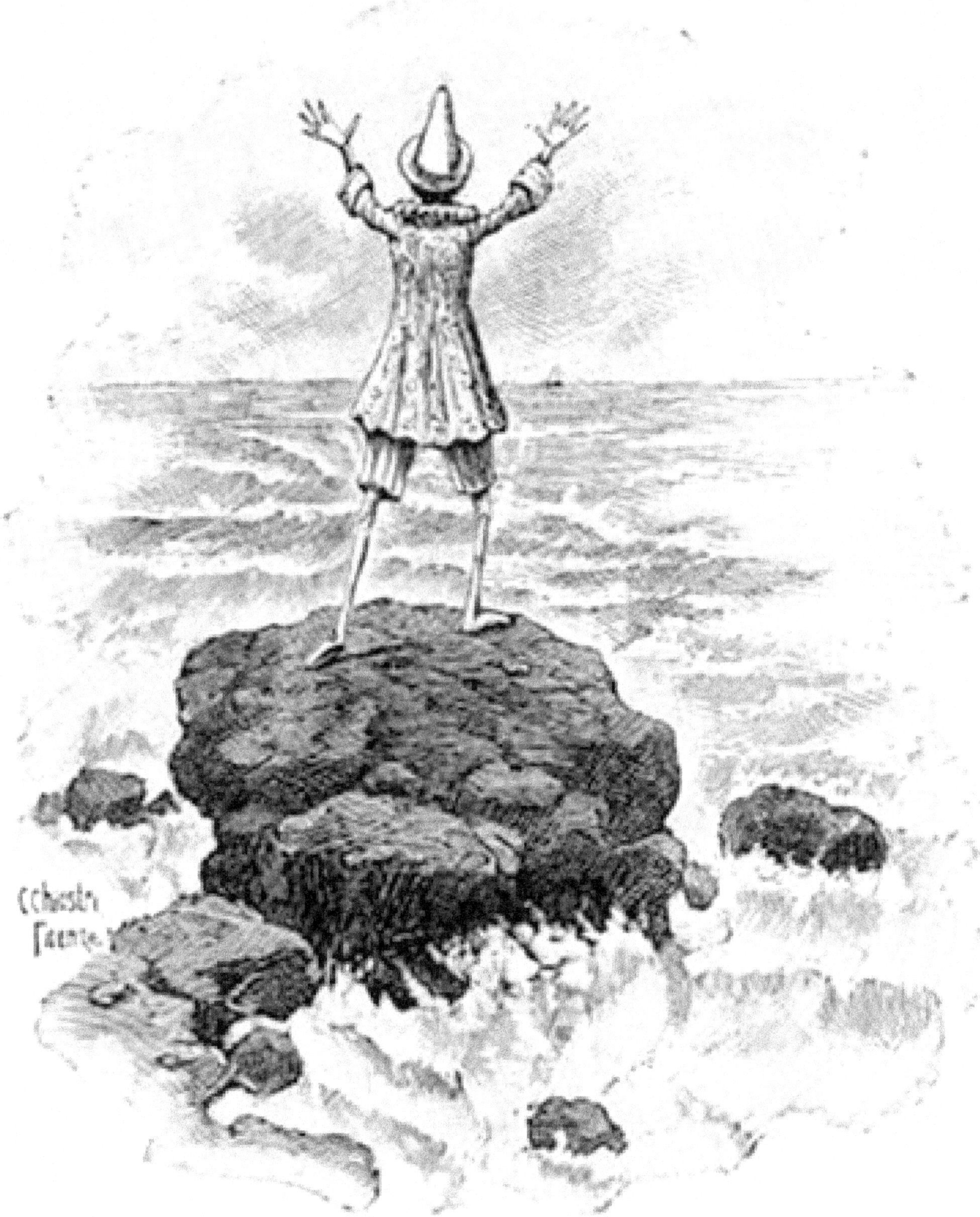

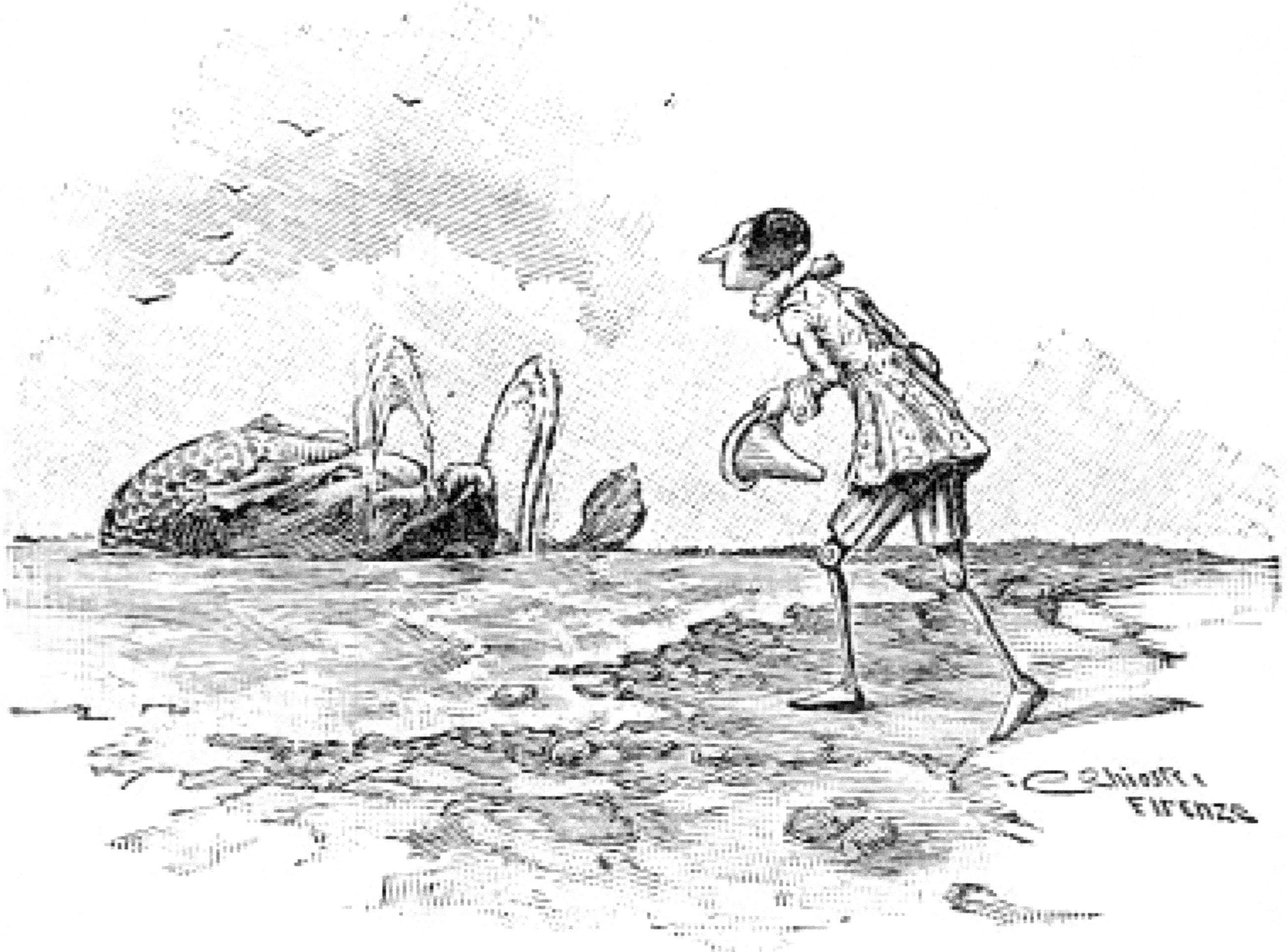

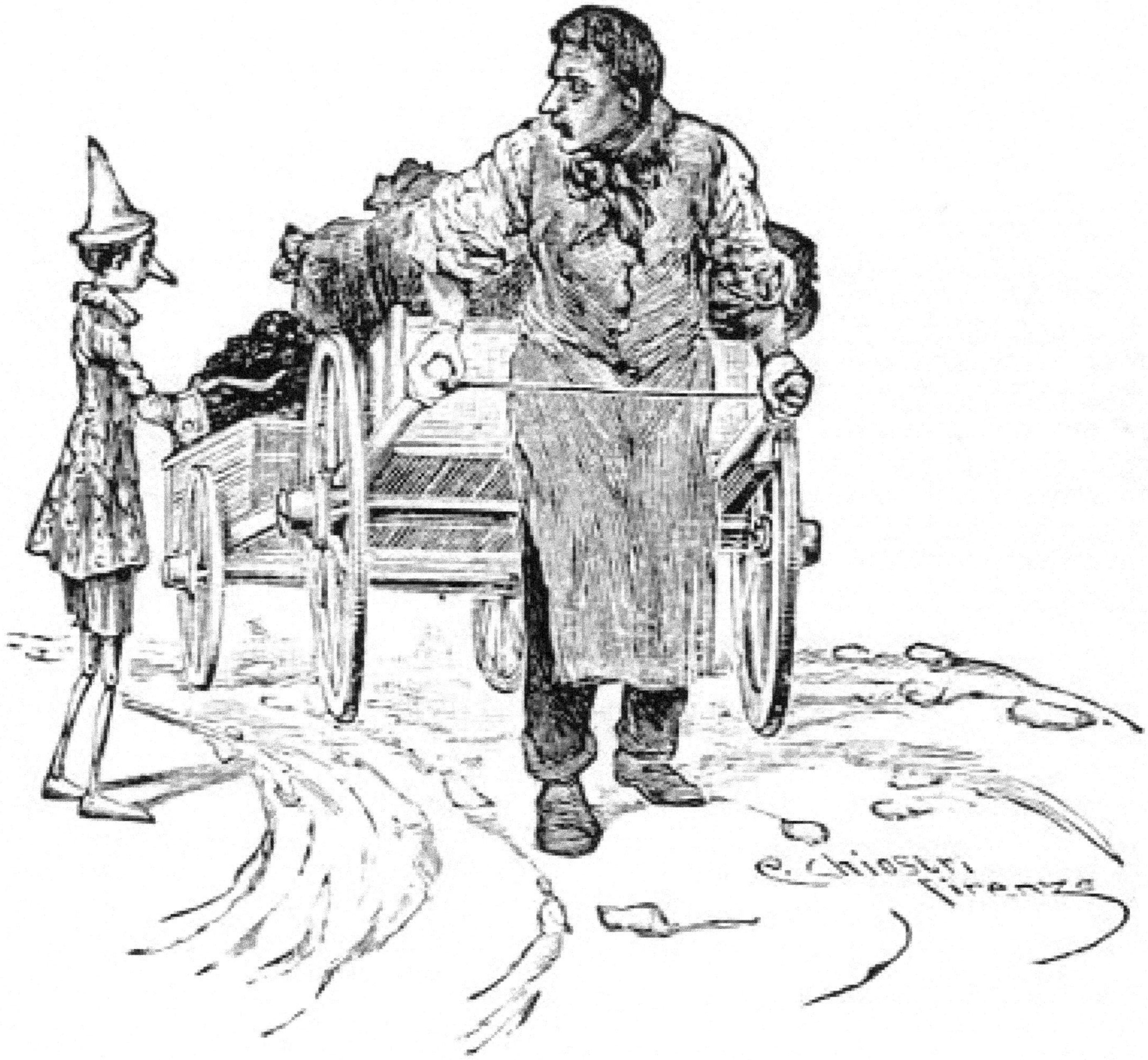
E. Chiostri
Firenze

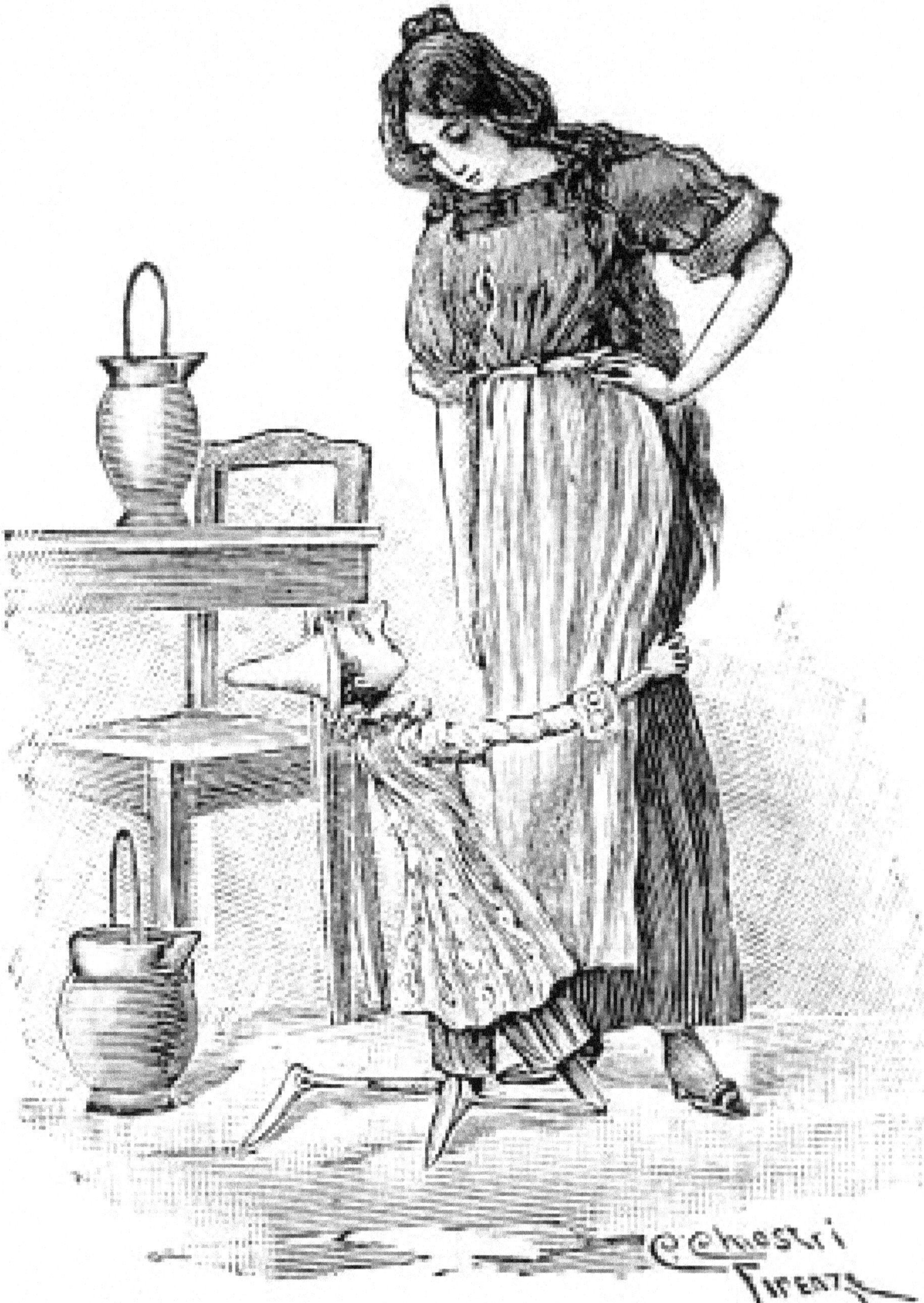

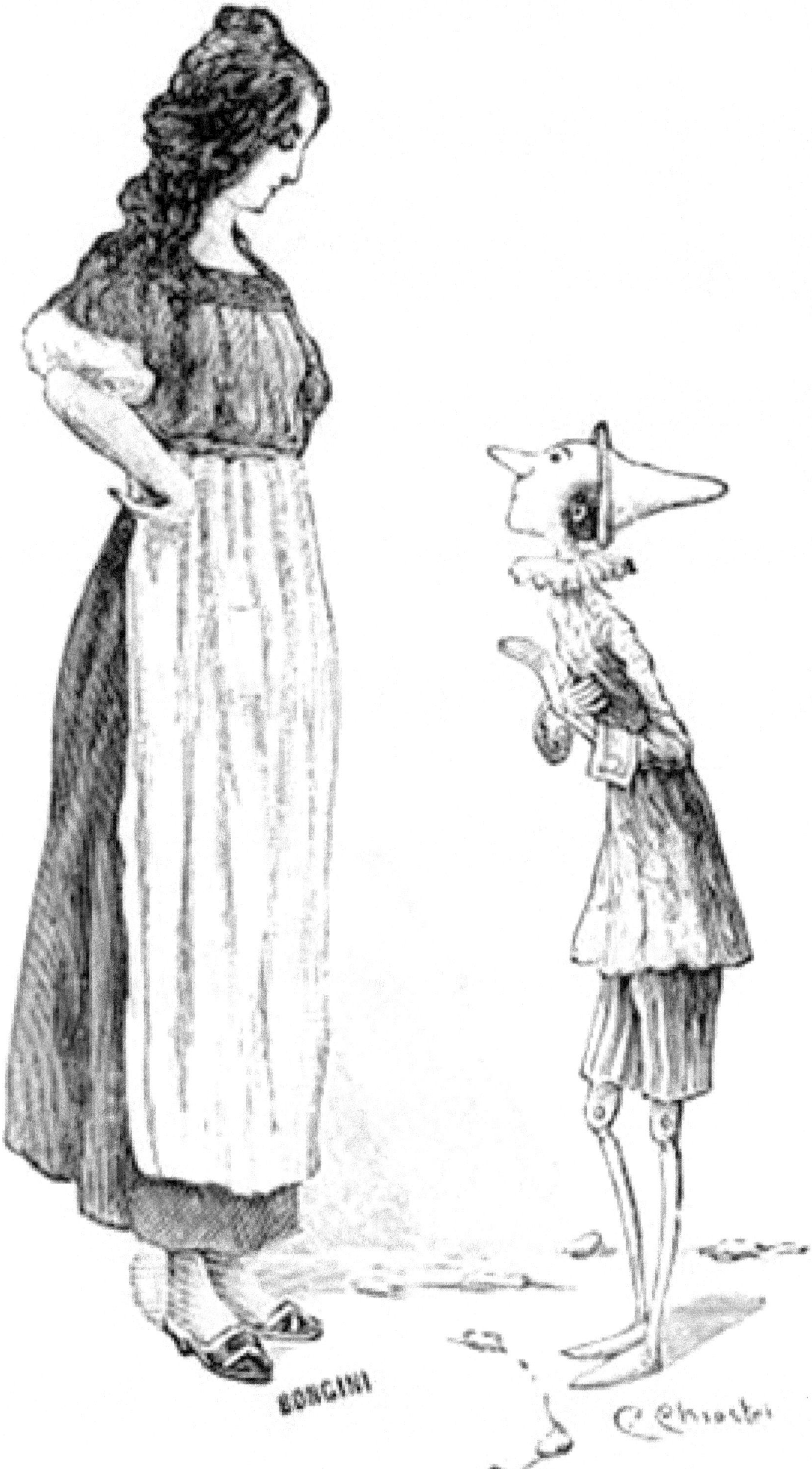

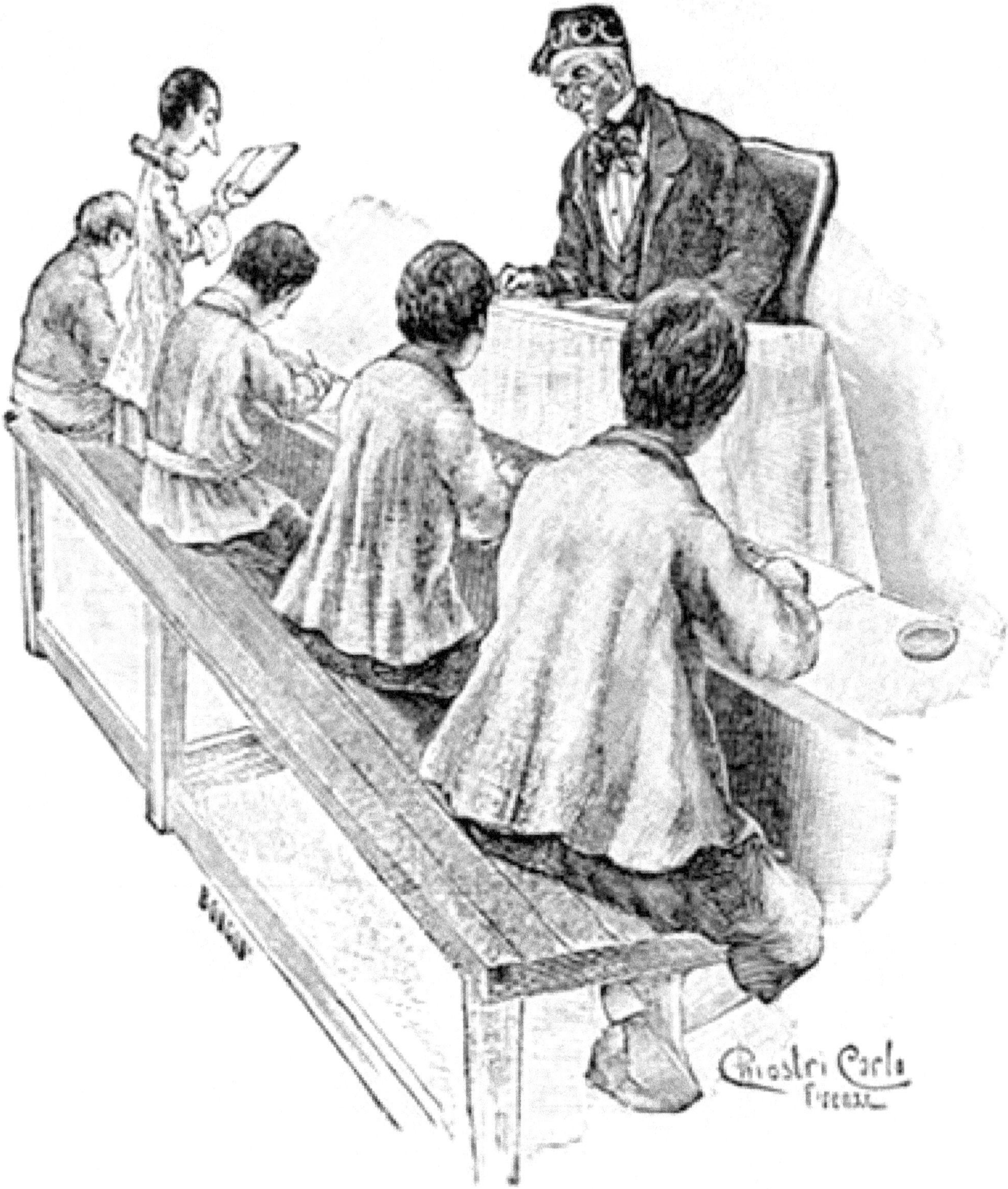
Chiostri Carlo
Firenze

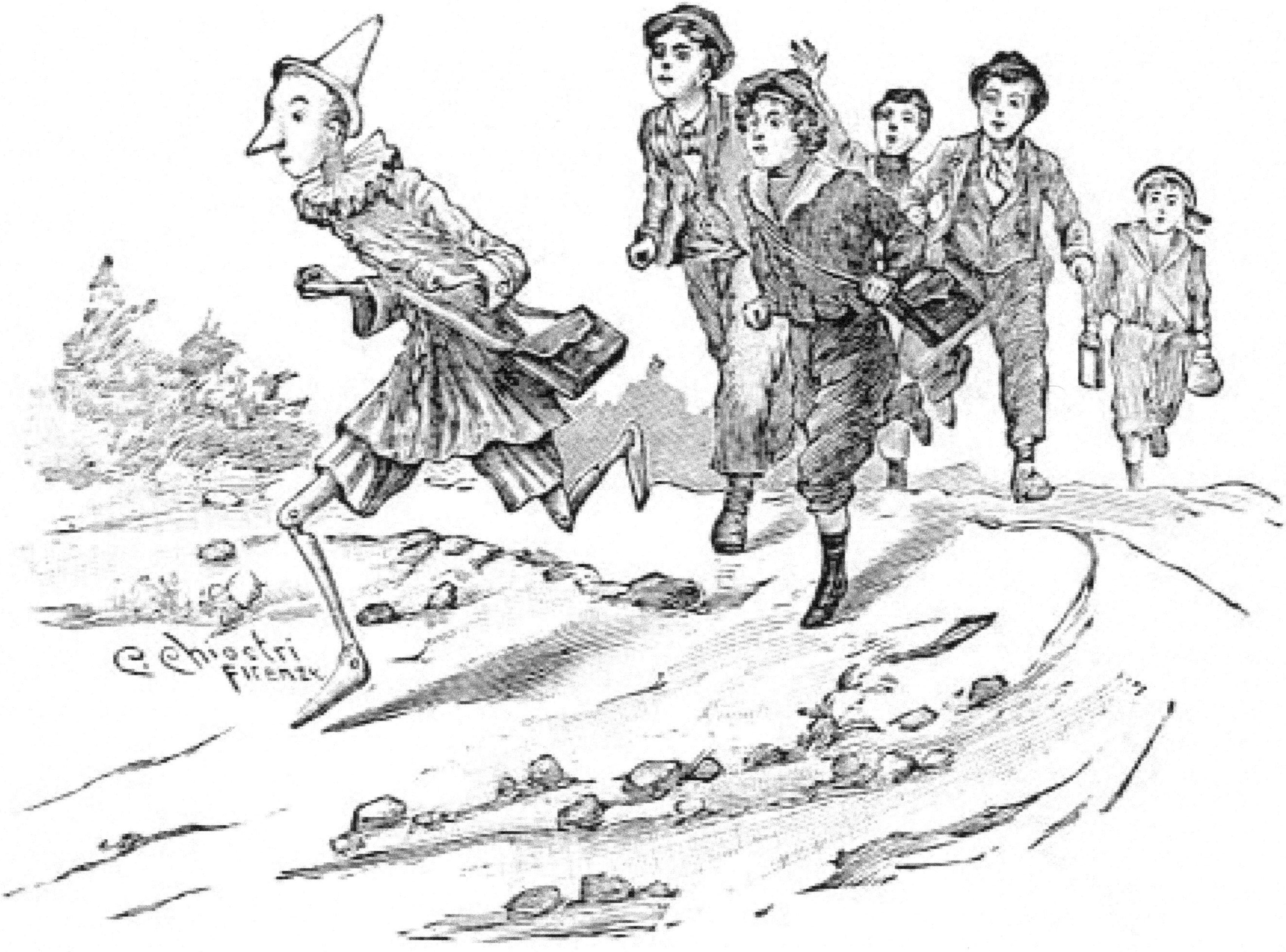
C. Chiostri
Firenze

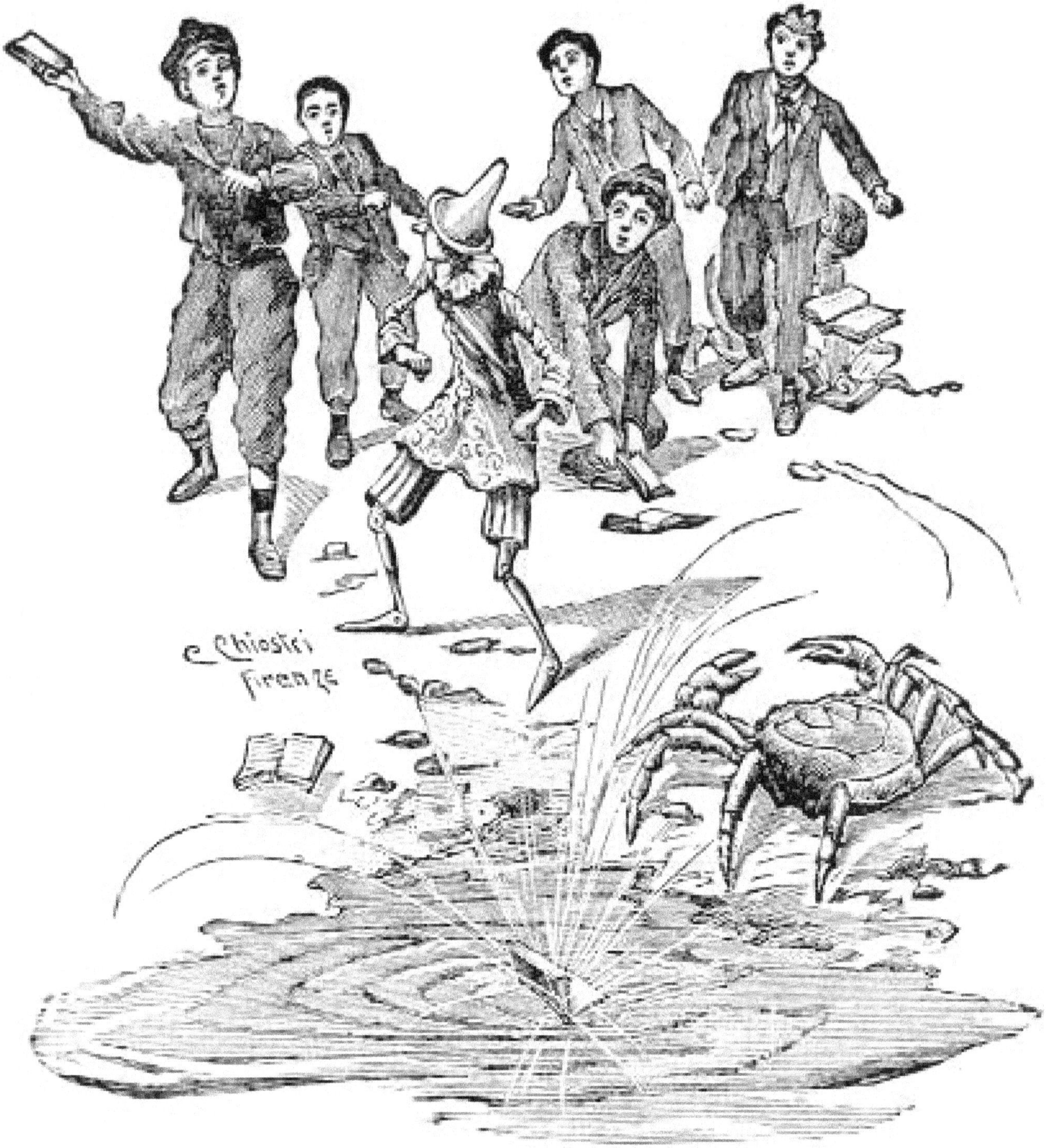
C. Chiostri
Firenze

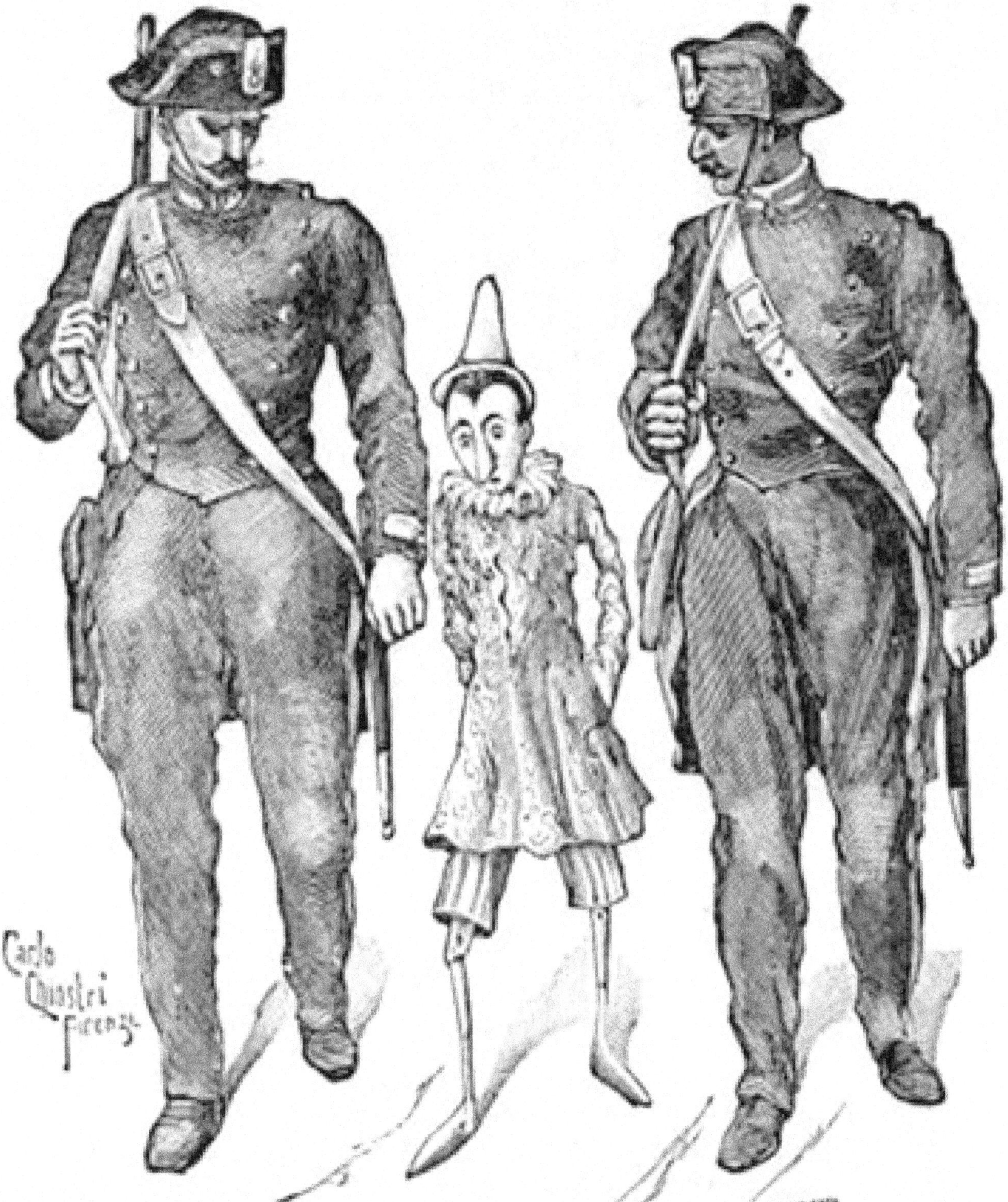
Carlo Chiostri Firenze
BONCINI

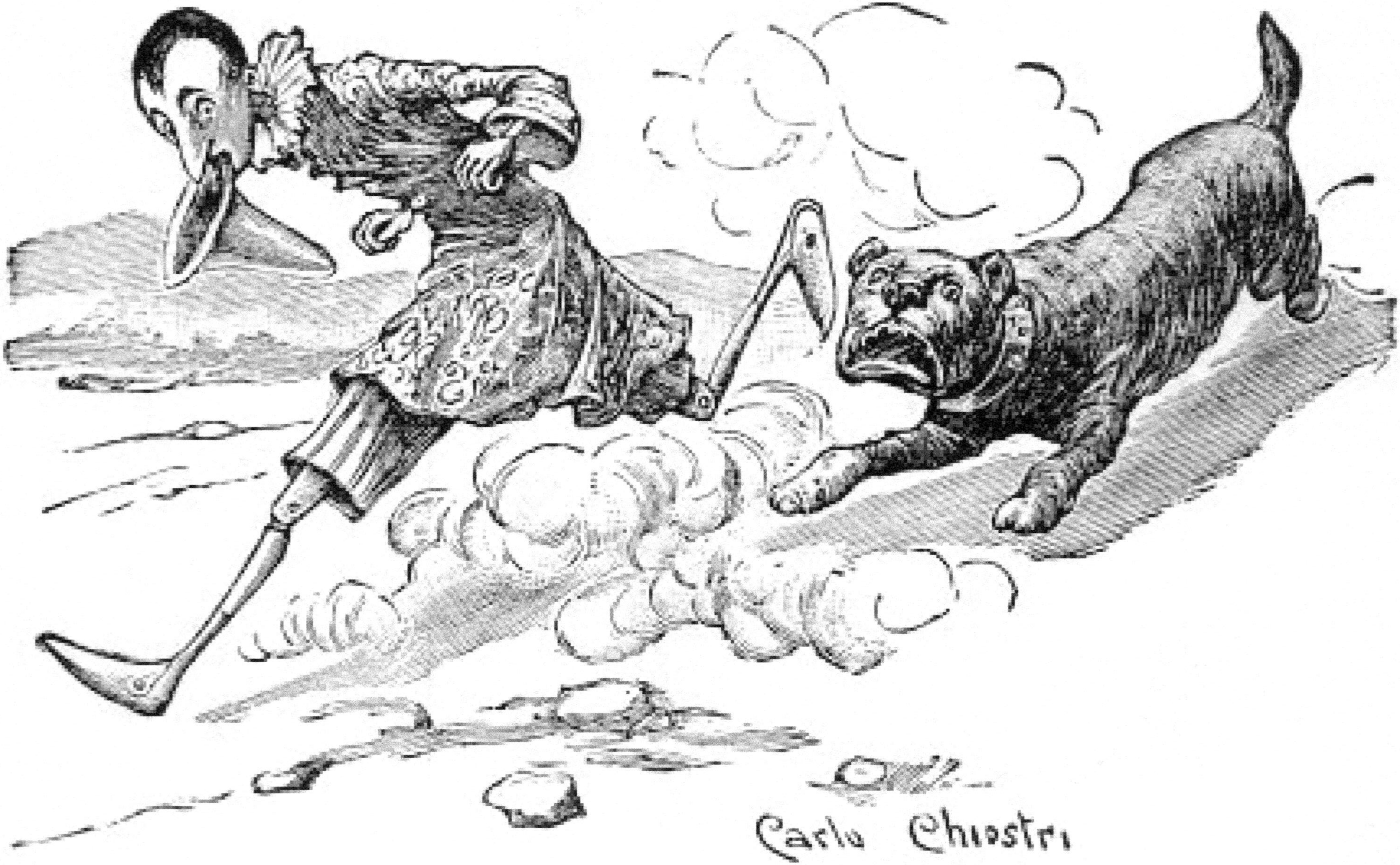
Carlo Chiostri

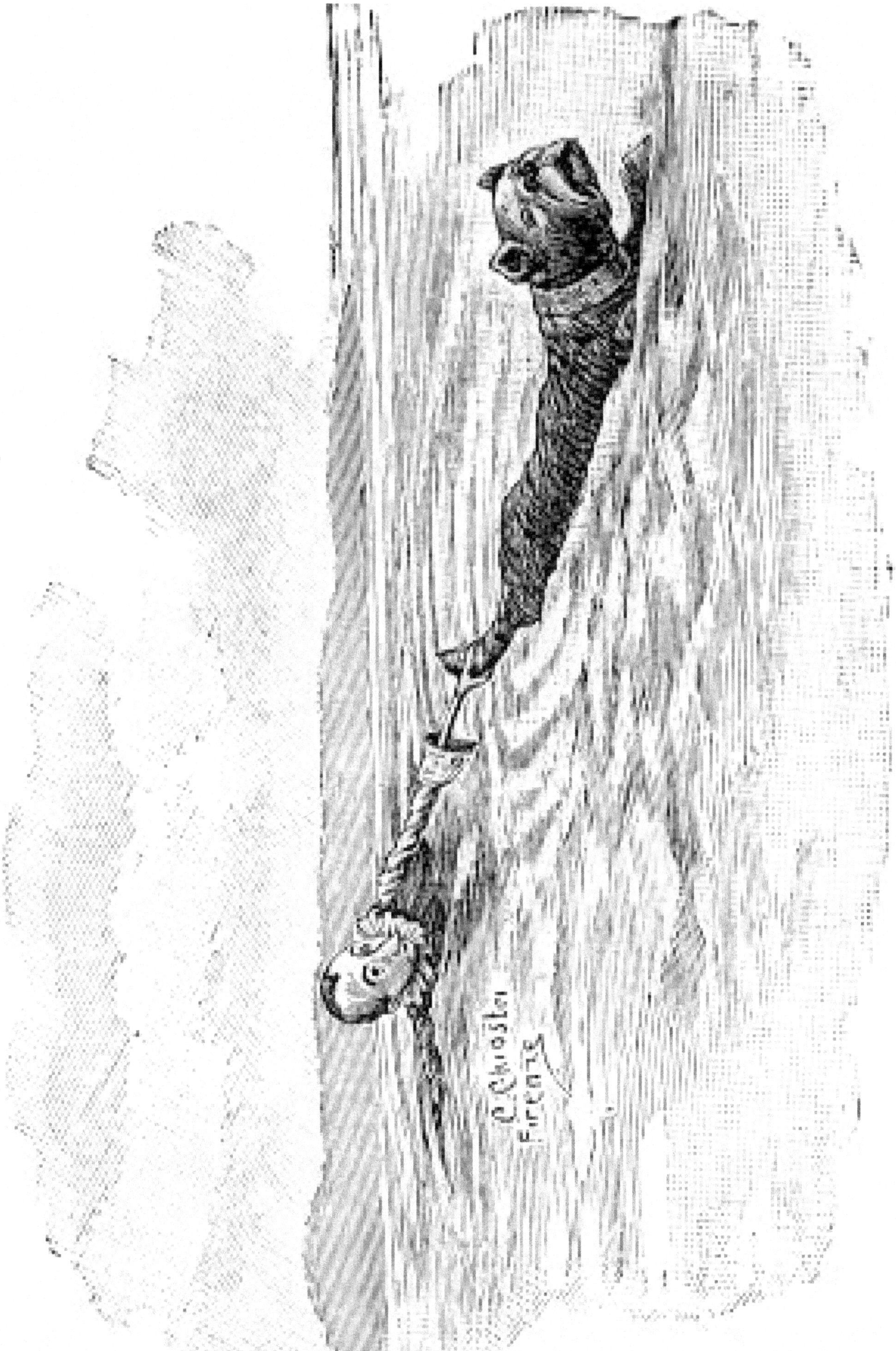

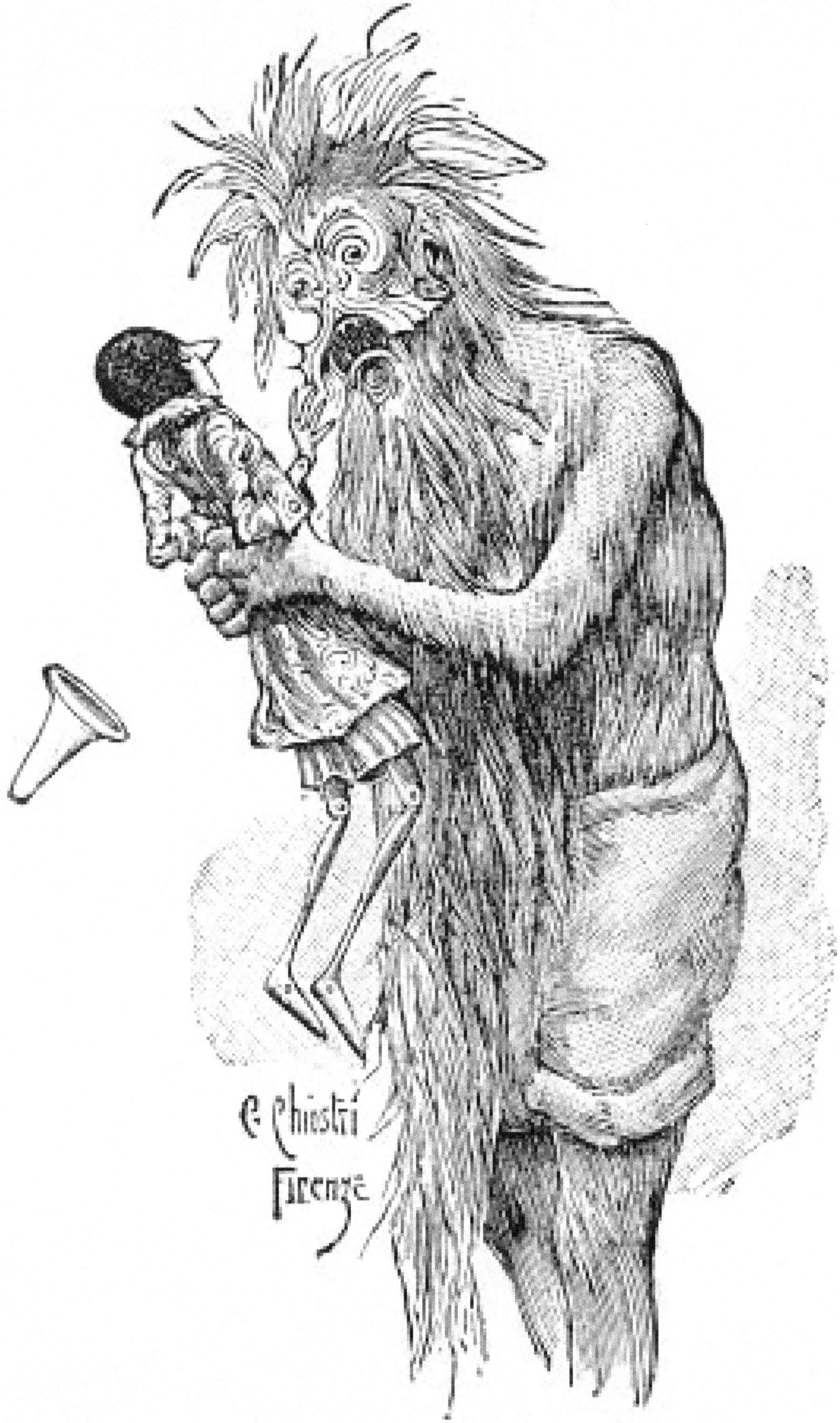
C. Chiostri
Firenze

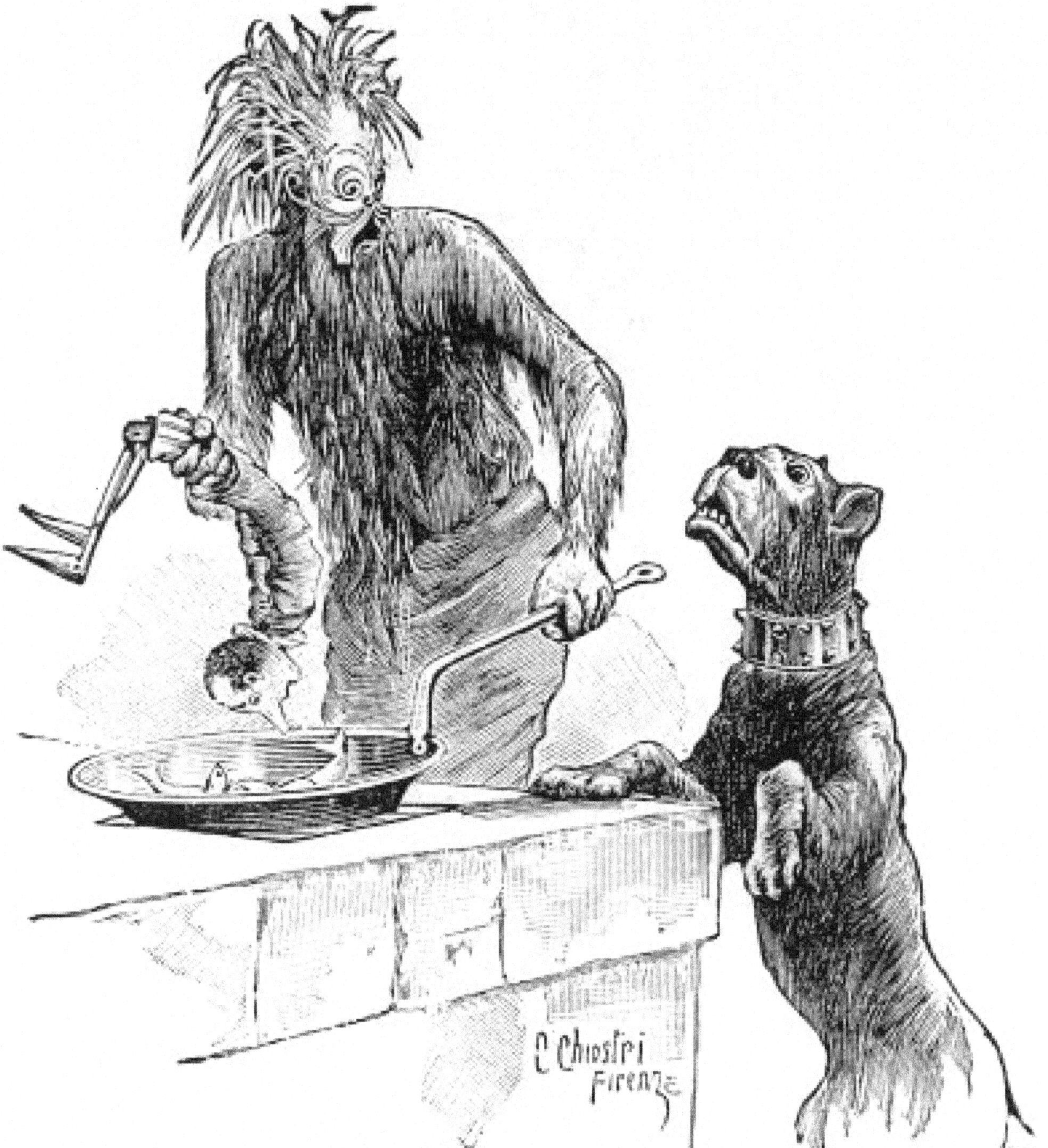
C. Chiostri
Firenze

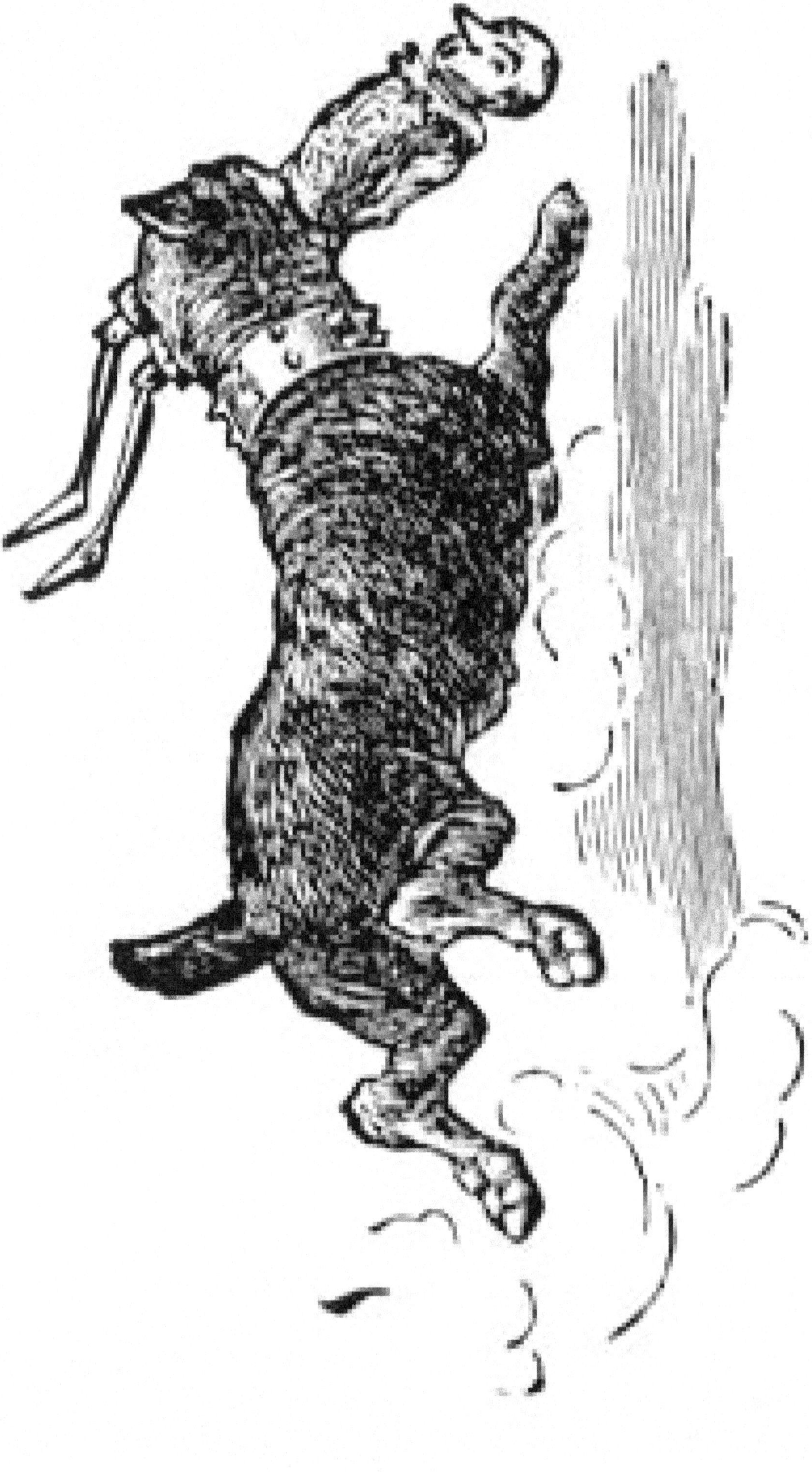

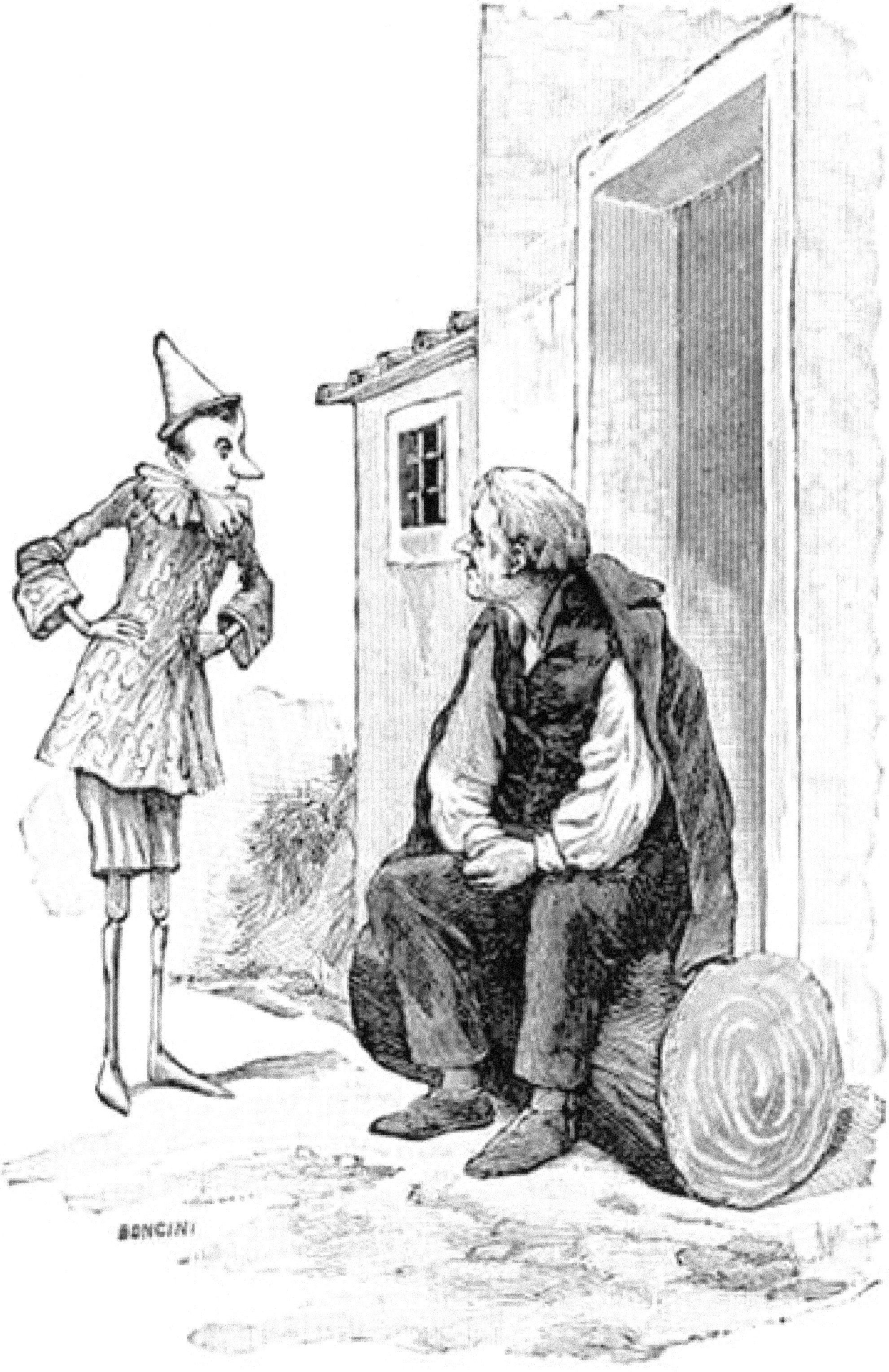
BONCINI

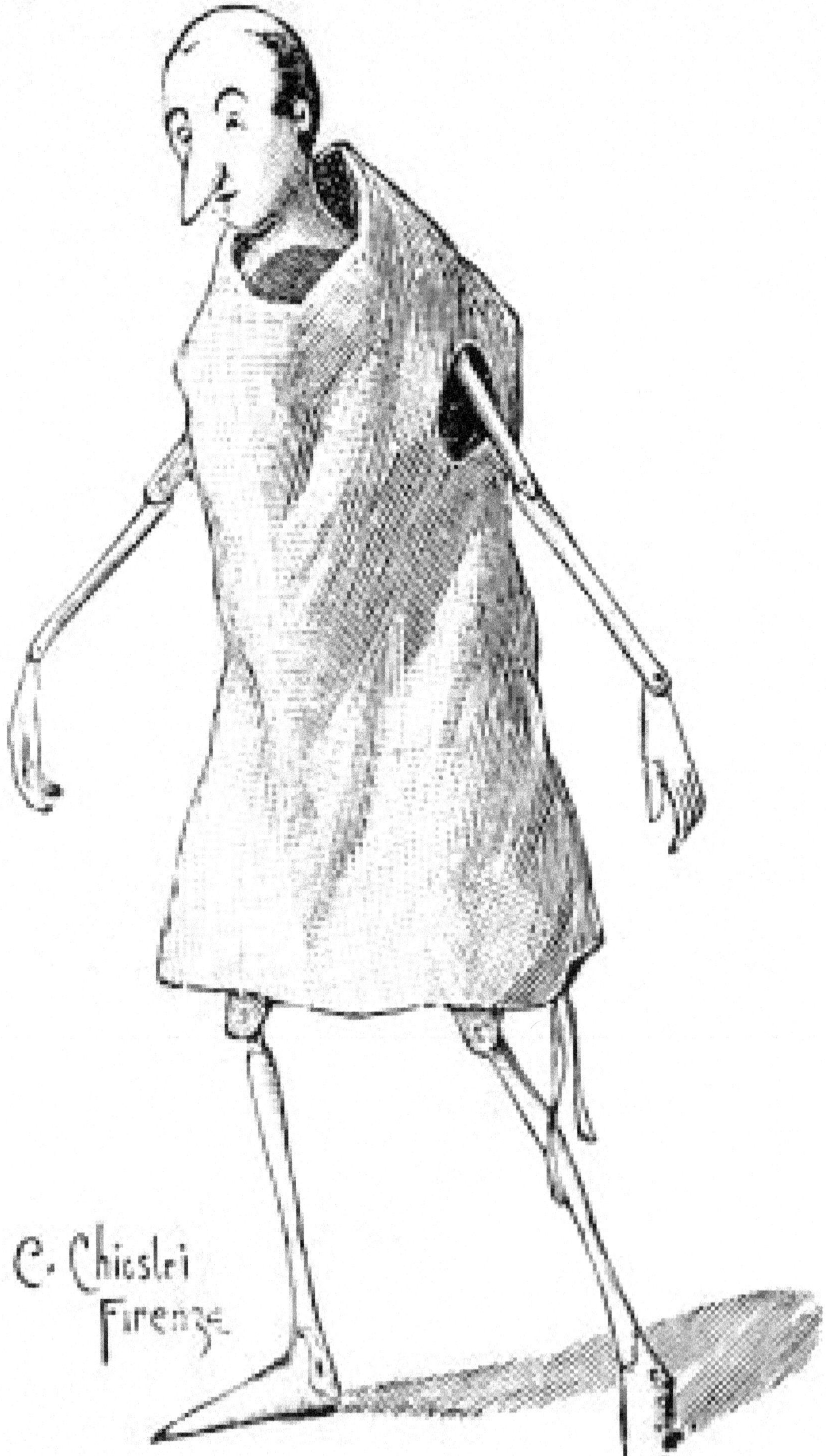
C. Chiostri
Firenze

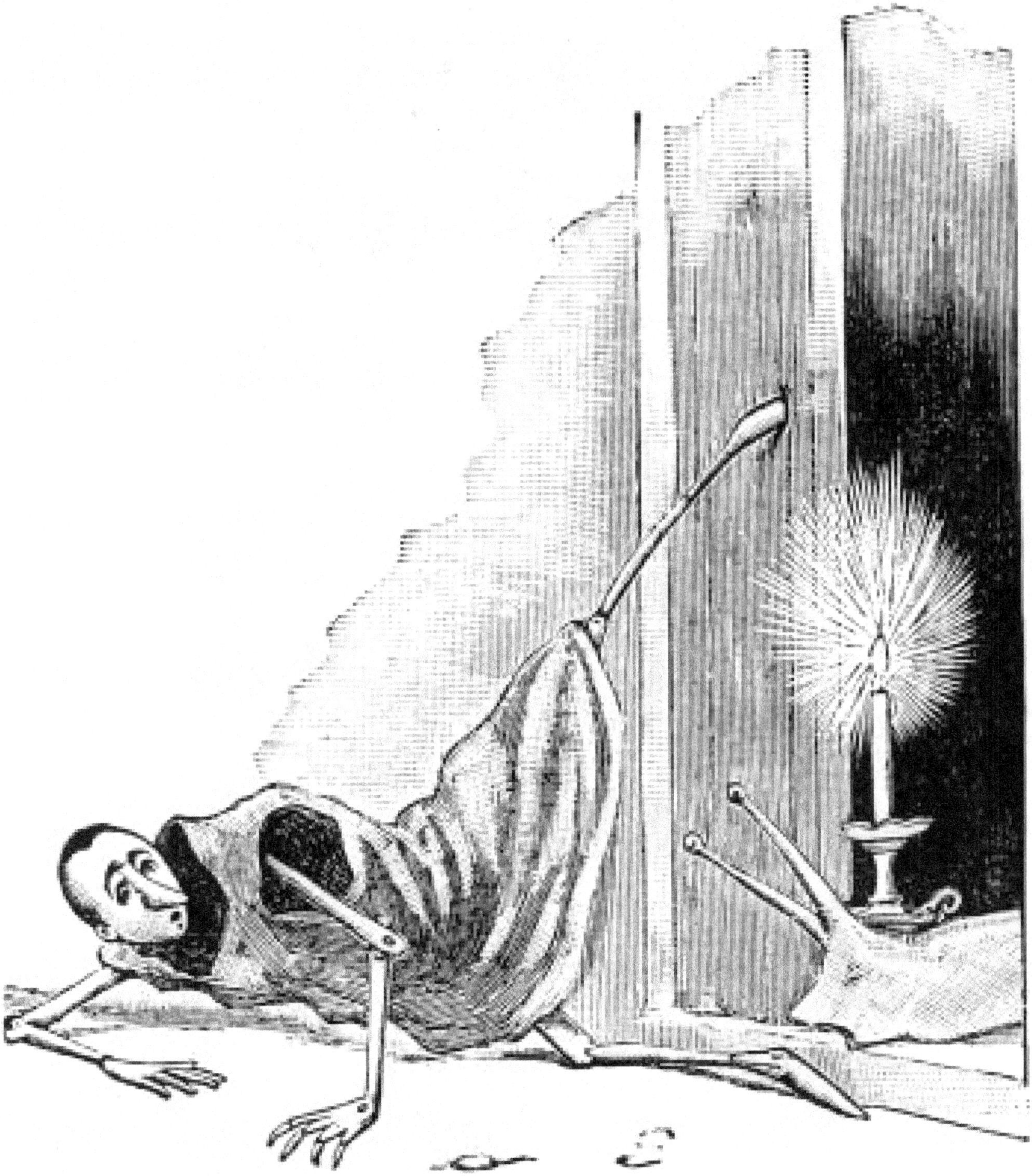

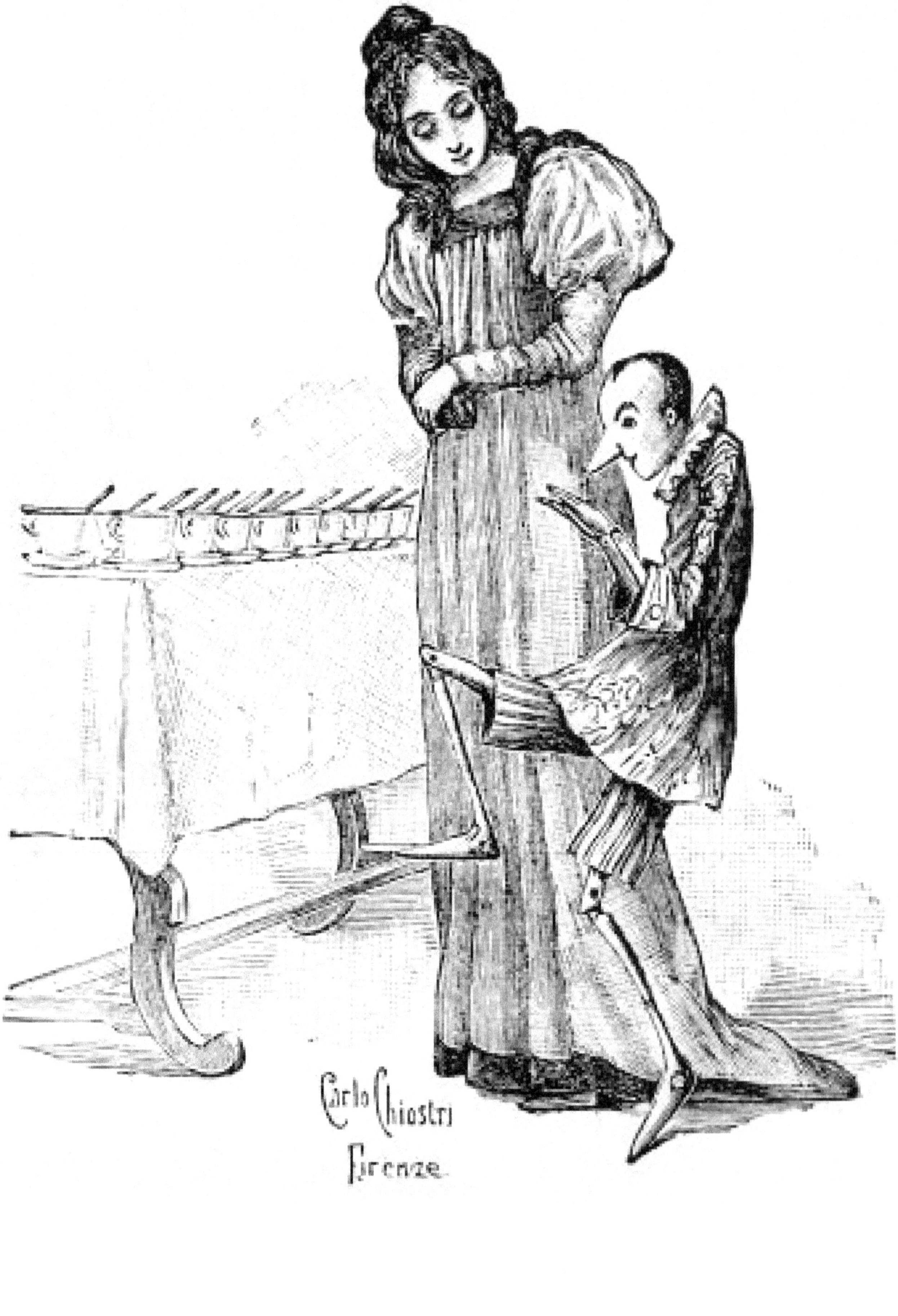
Carlo Chiostri
Firenze

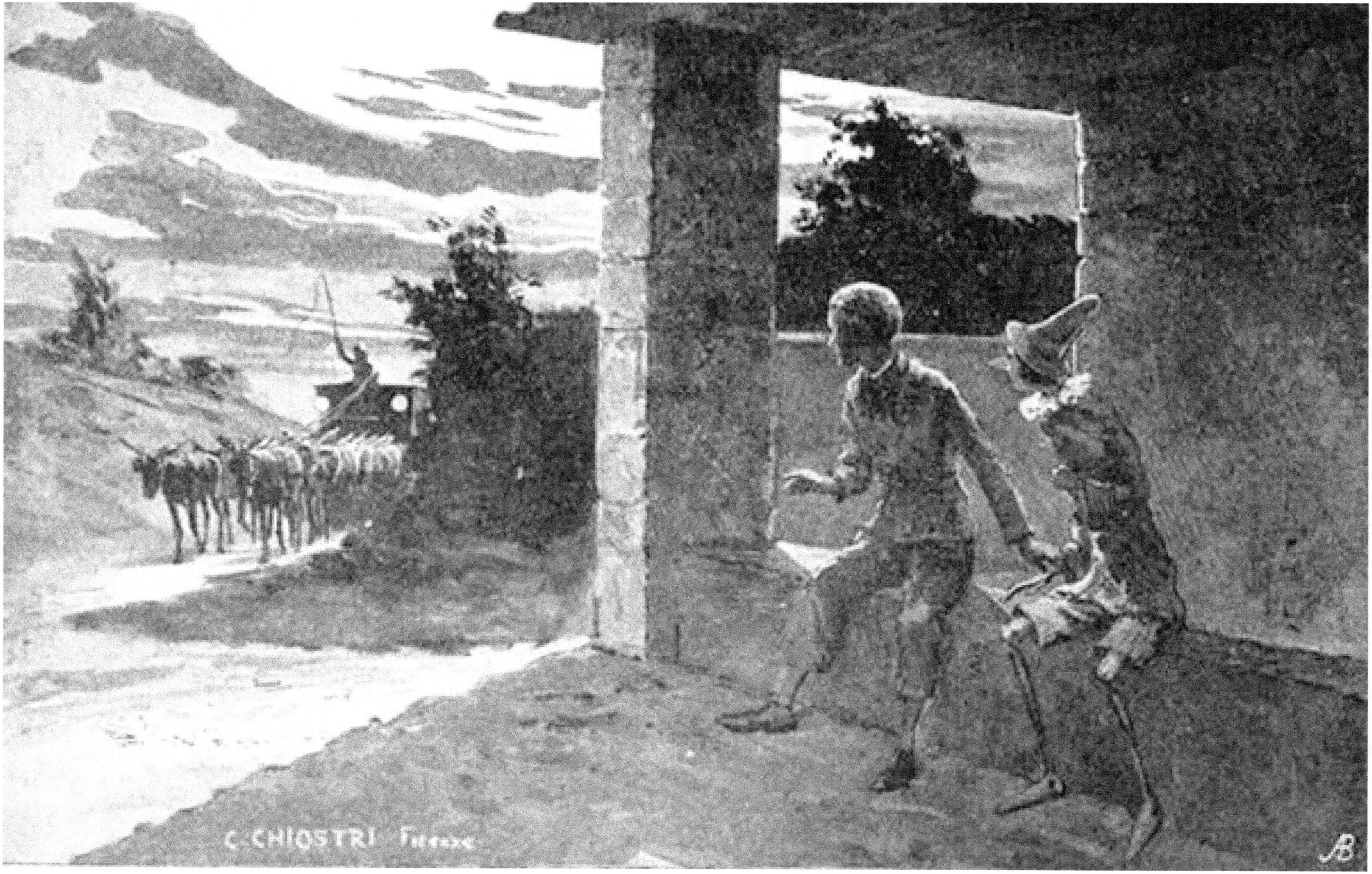
C. CHIOSTRI

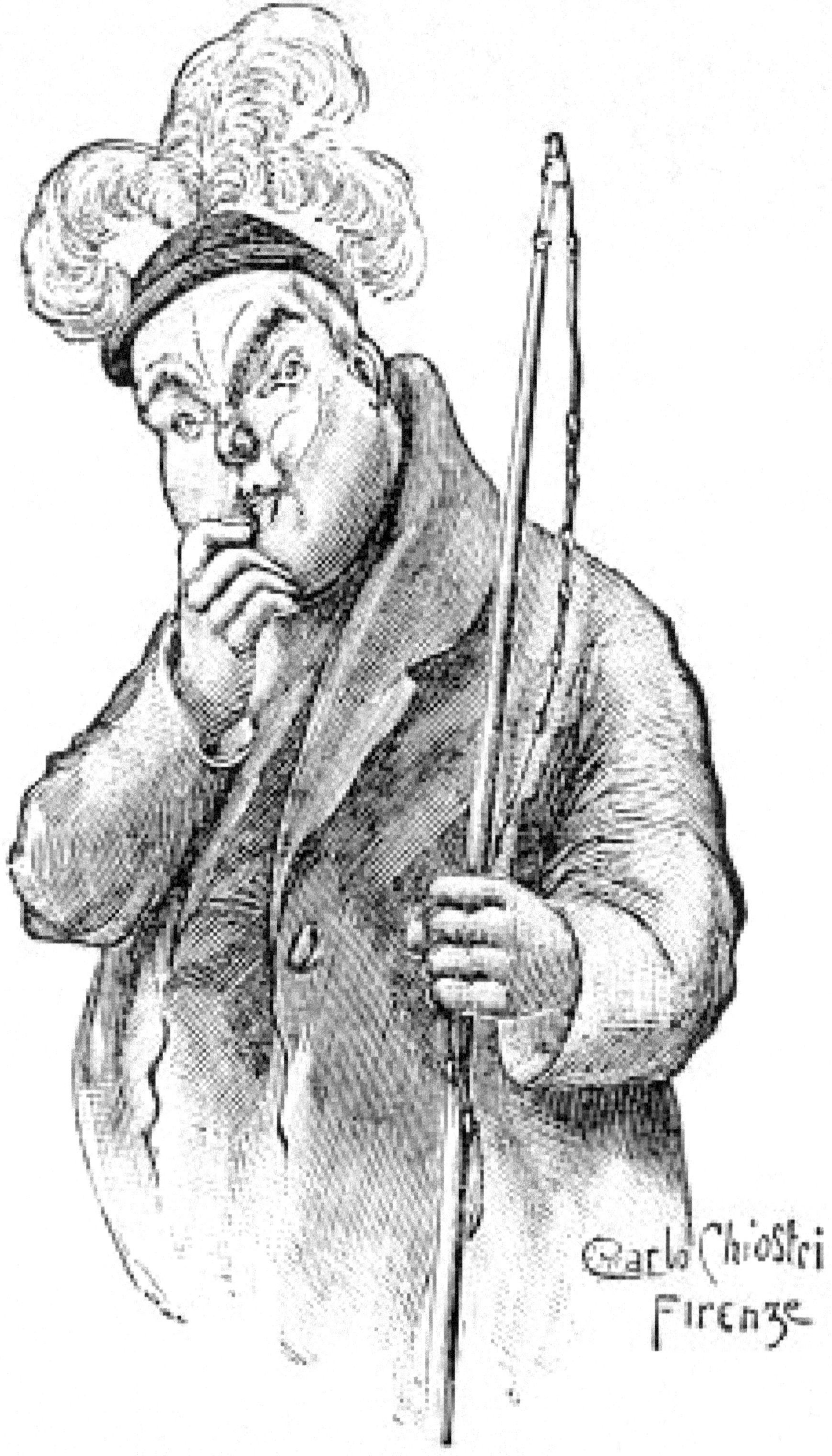
Carlo Chiostri
Firenze

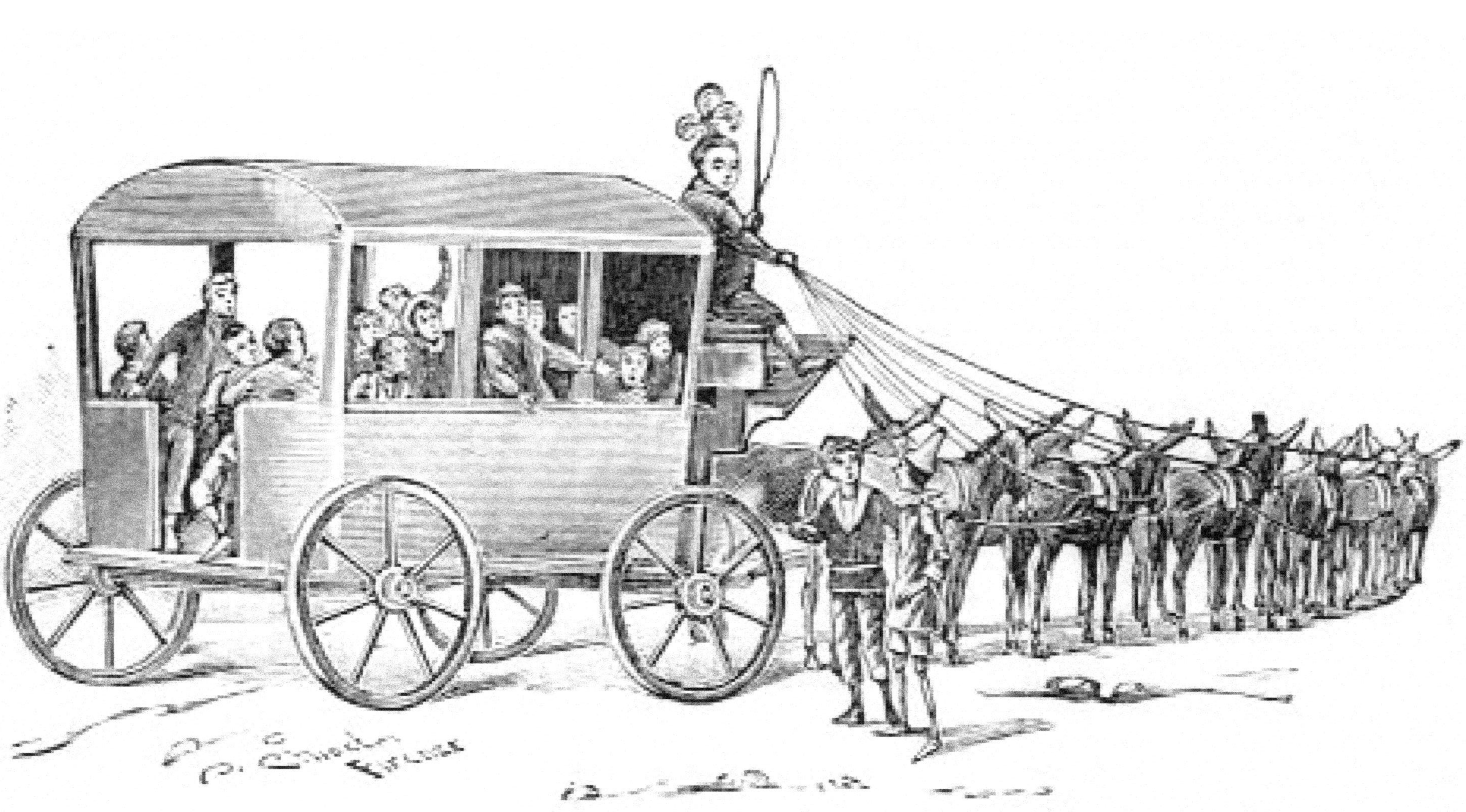

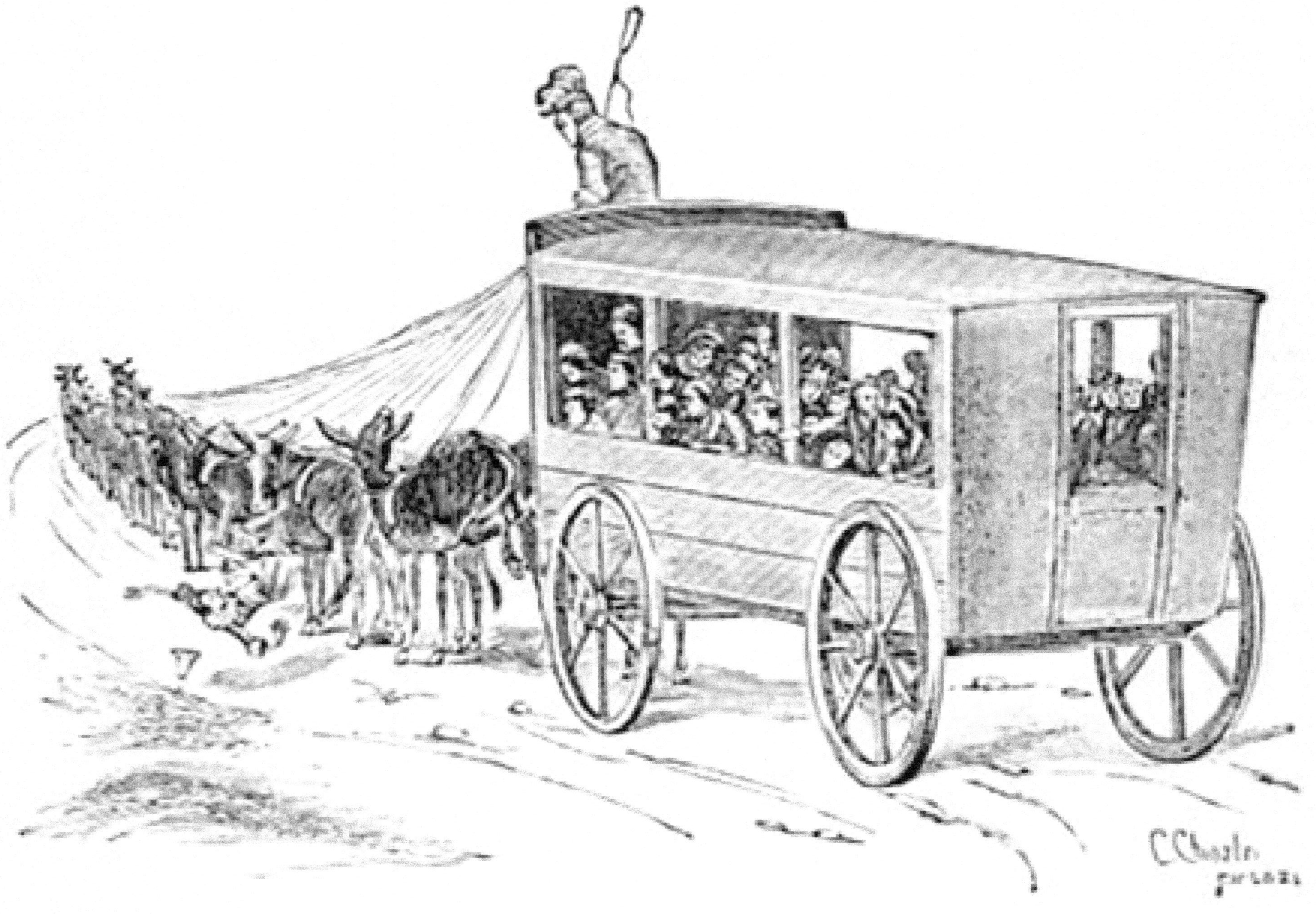

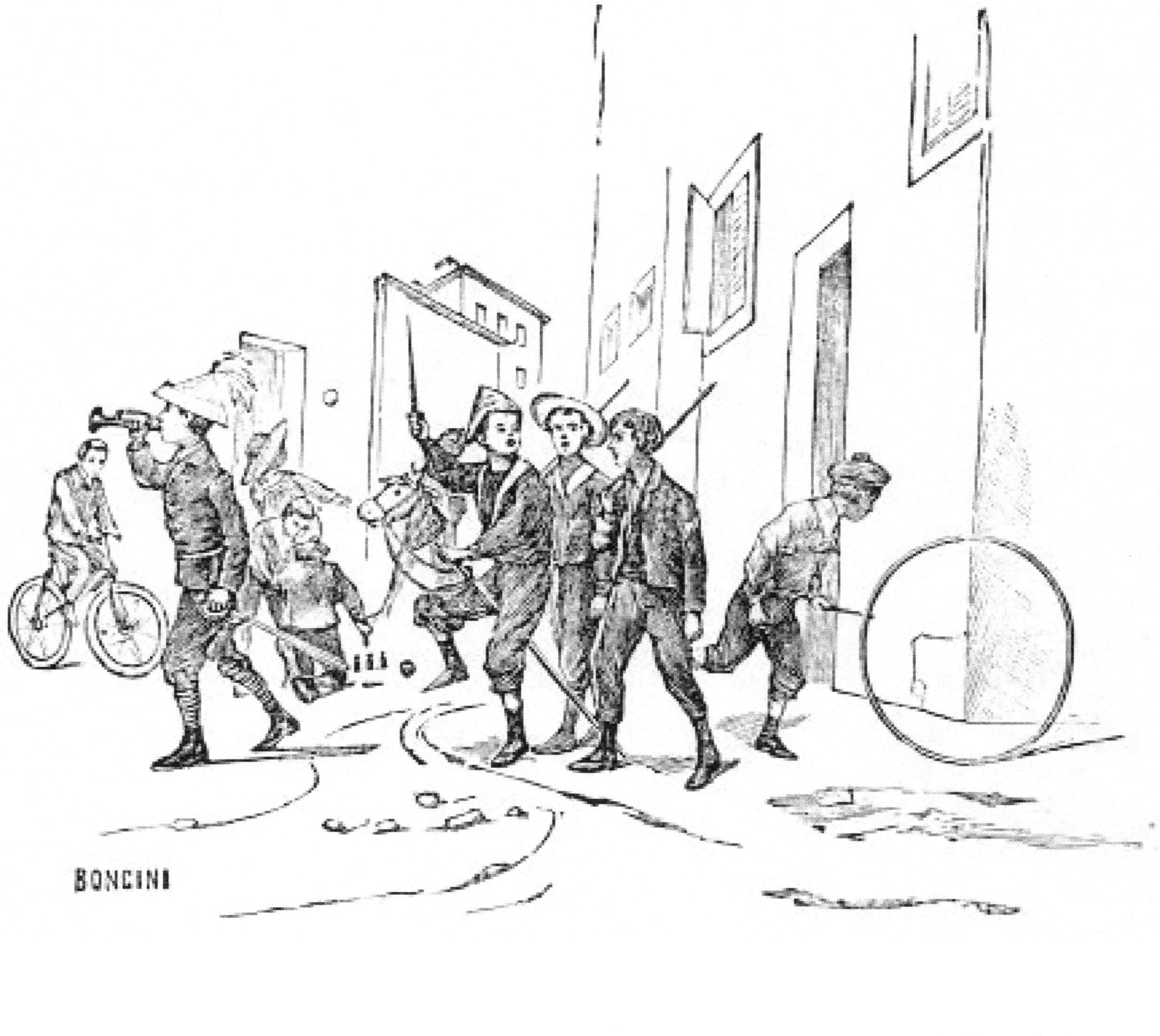
BONCINI

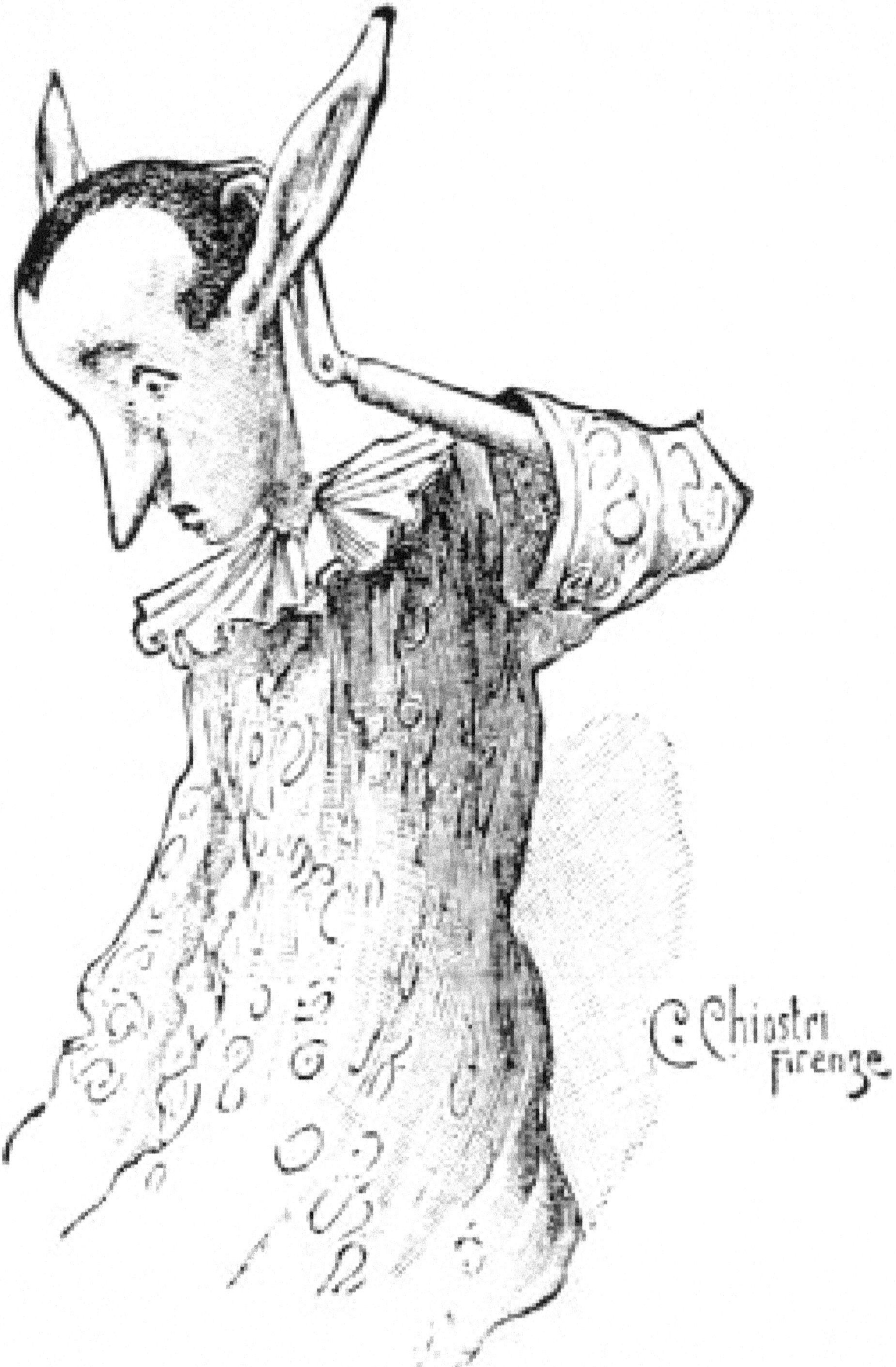

C. Chiostri
Firenze

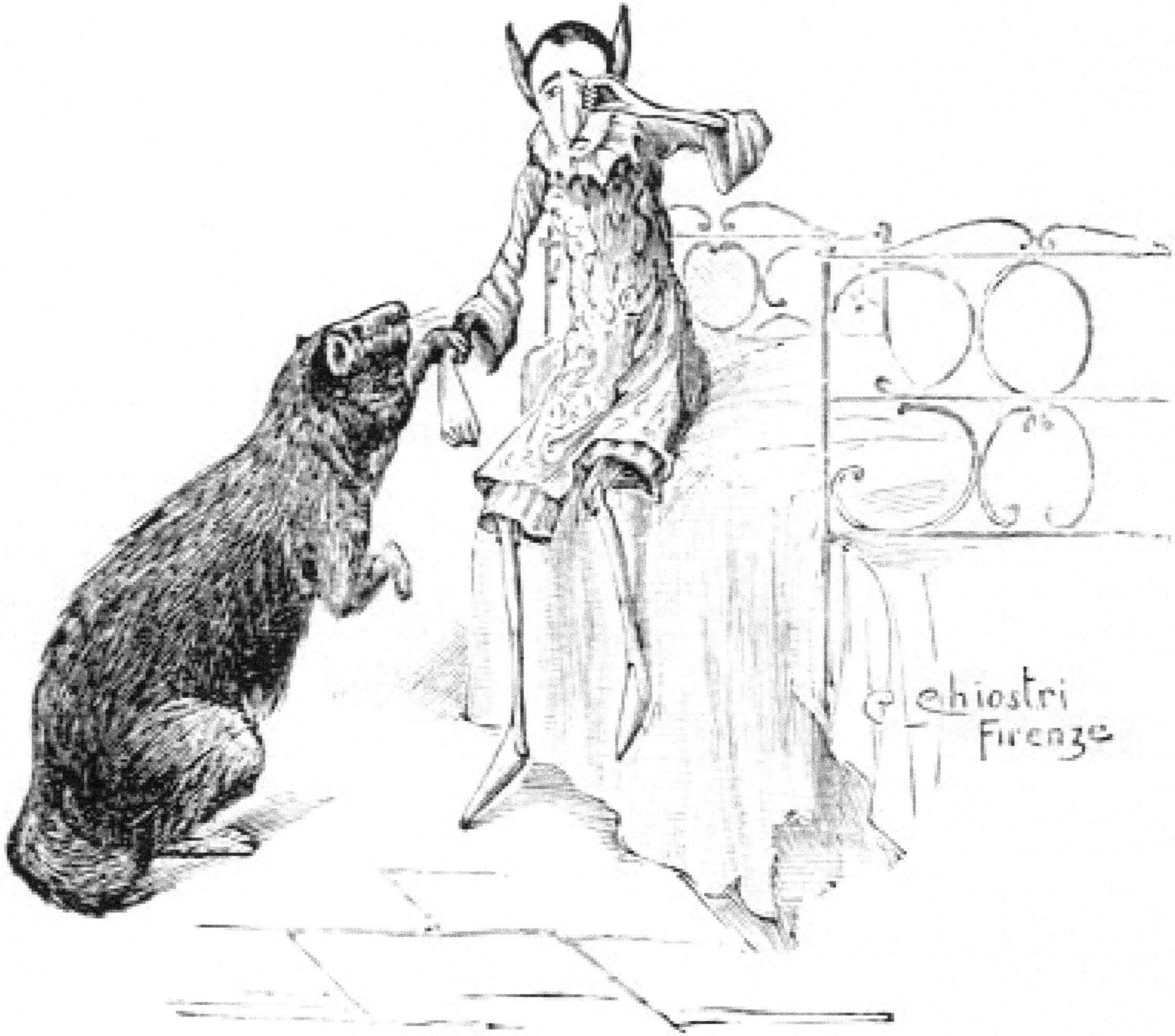
Chiostri
Firenze

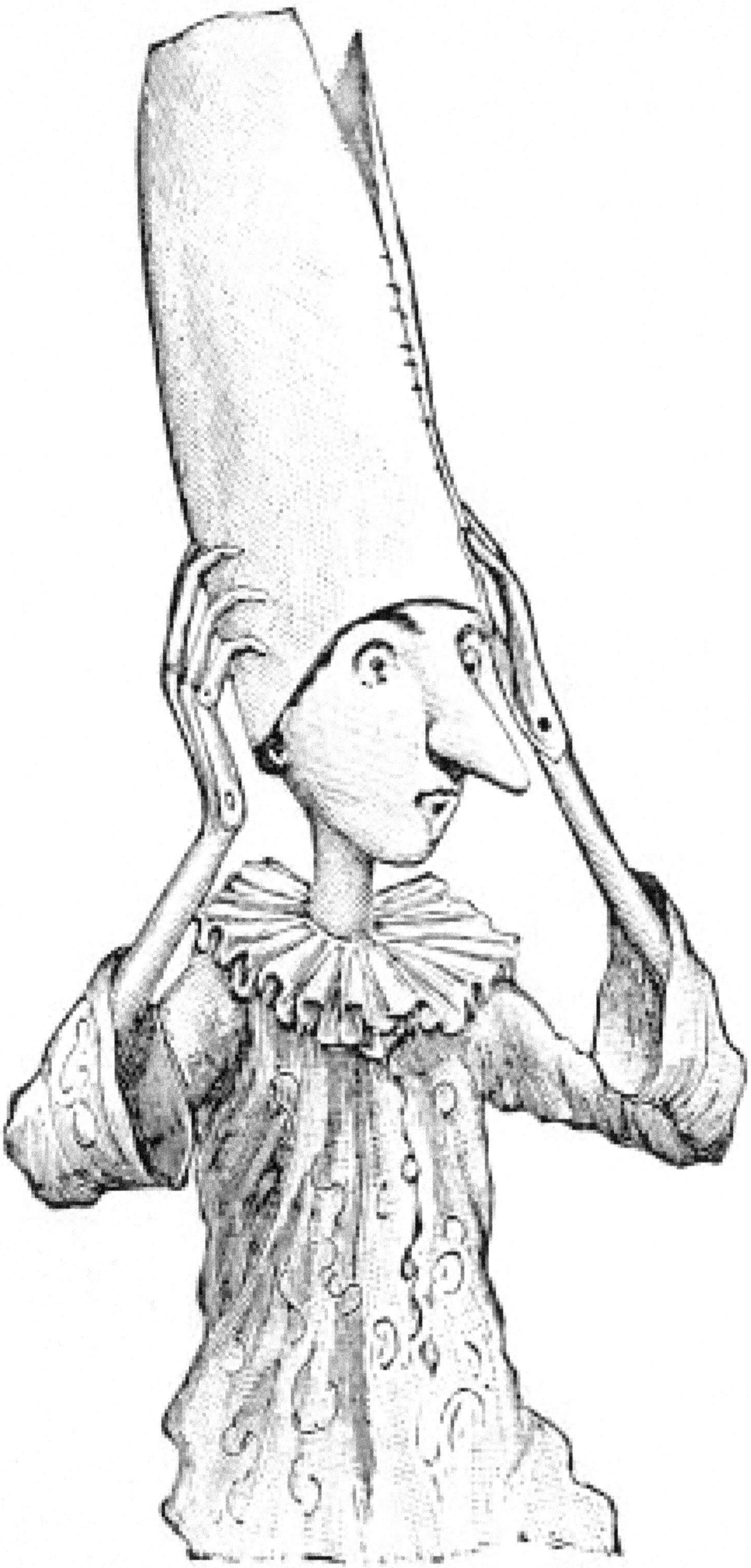

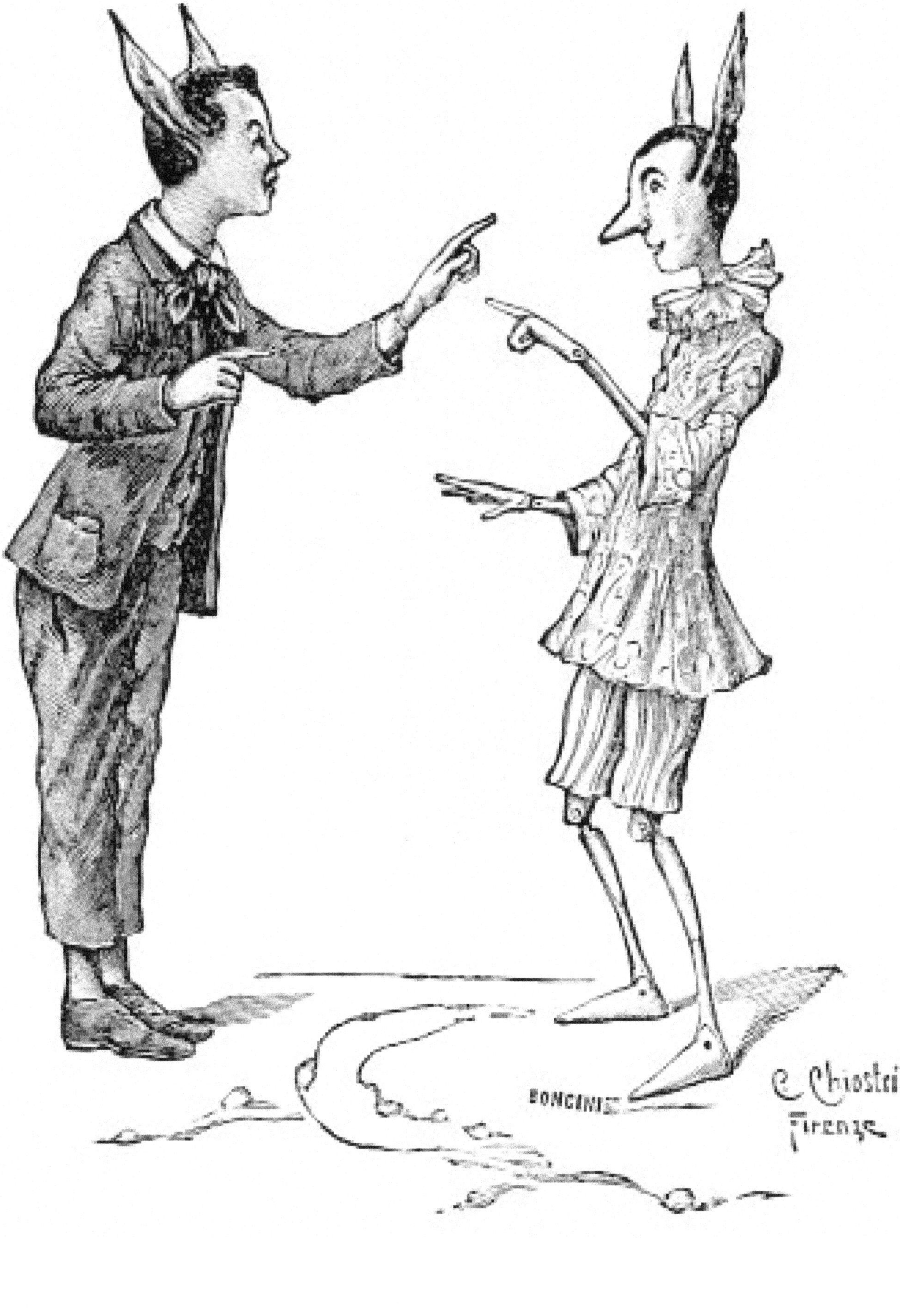
BONGINI
C. Chiostri
Firenze

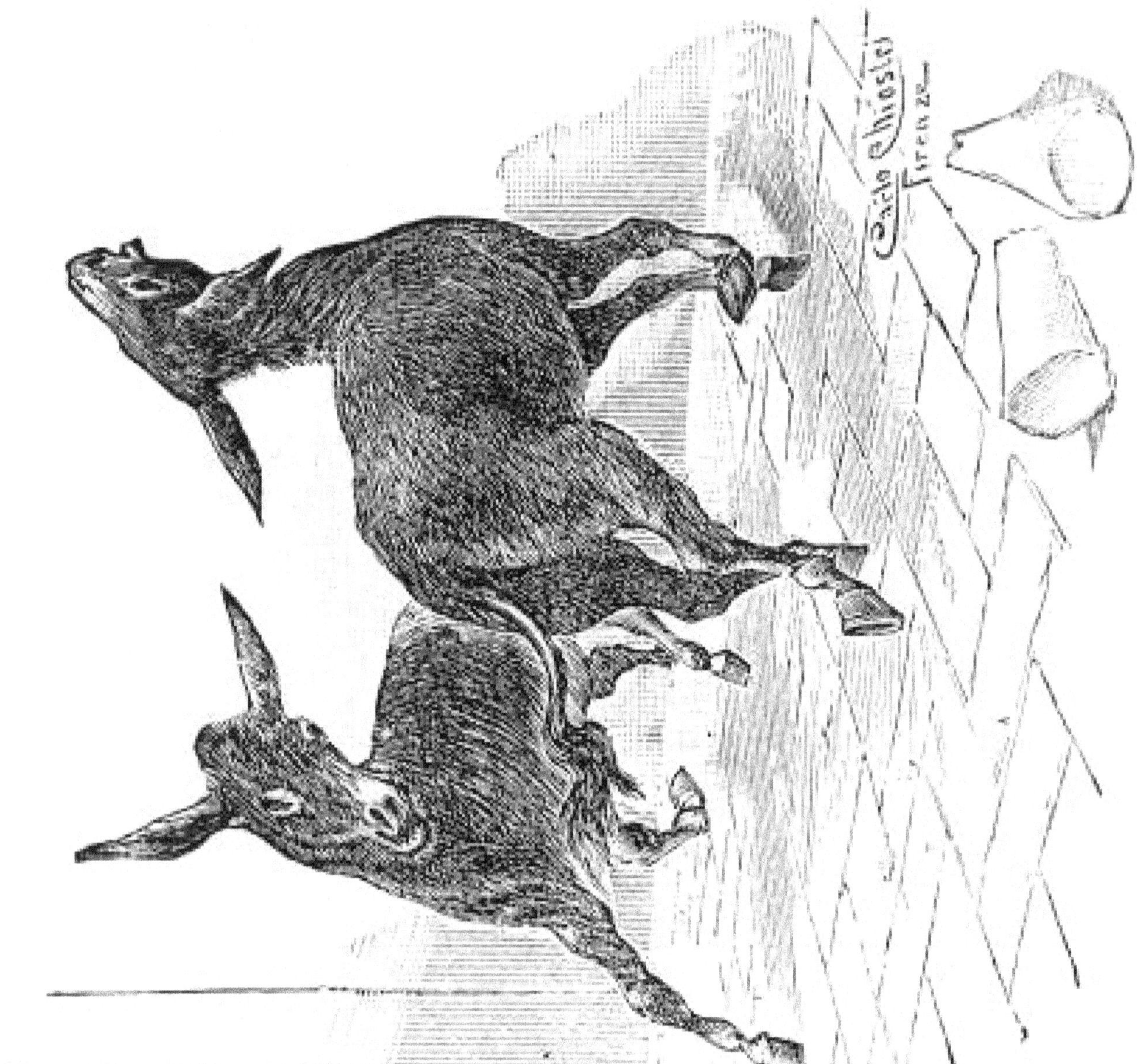
Carlo Chiostri
Firenze

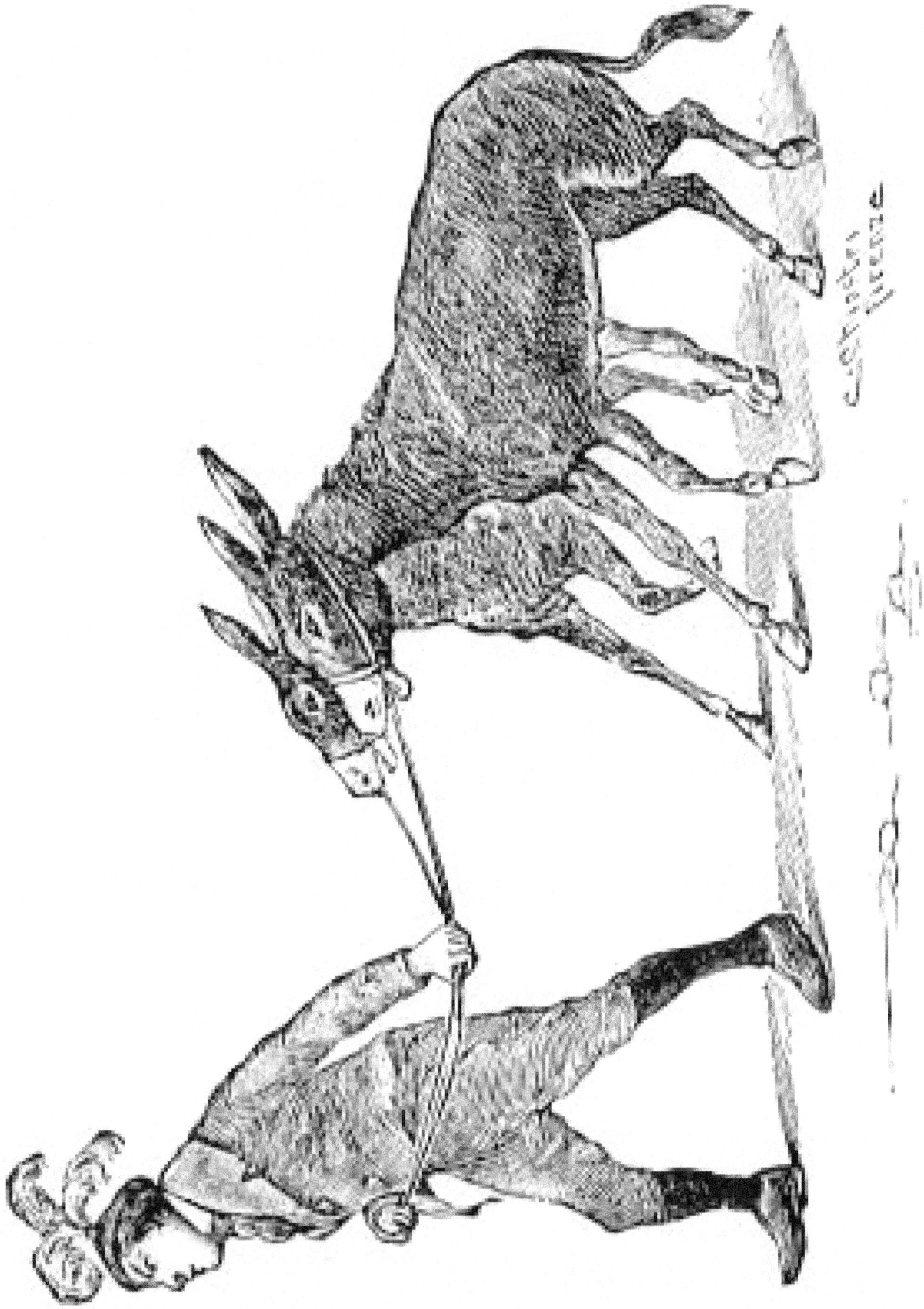

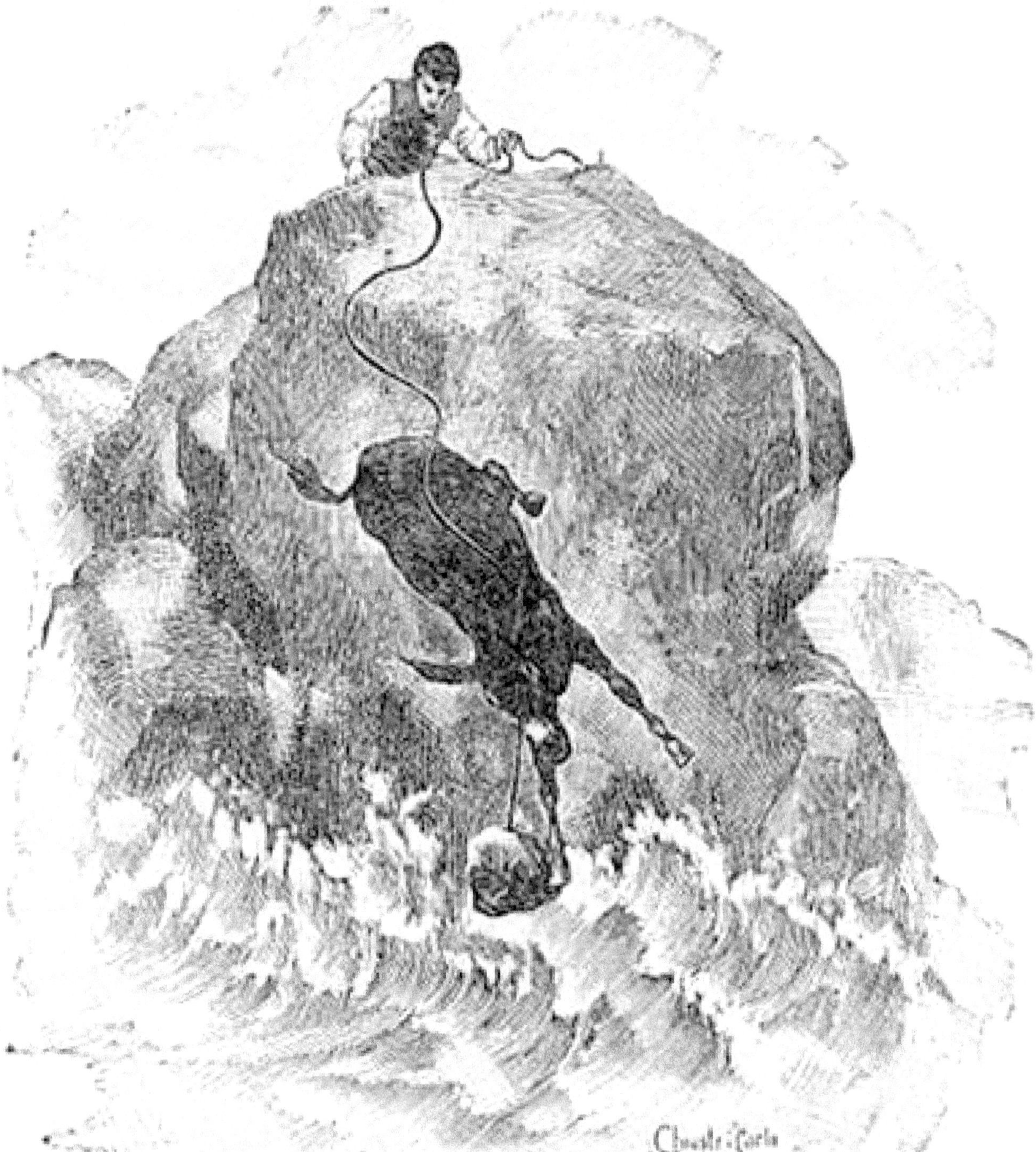

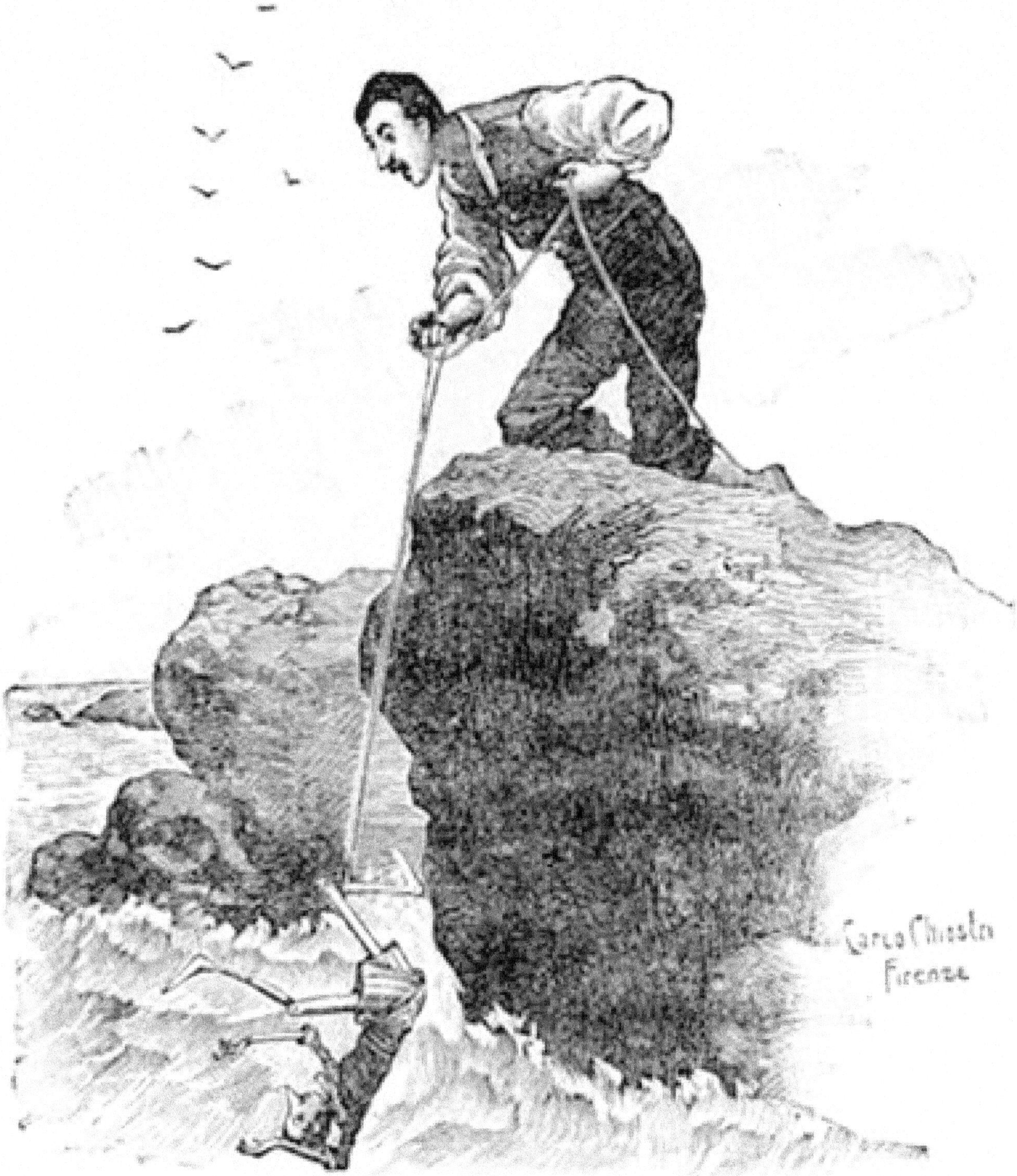
Carlo Chiostri
Firenze

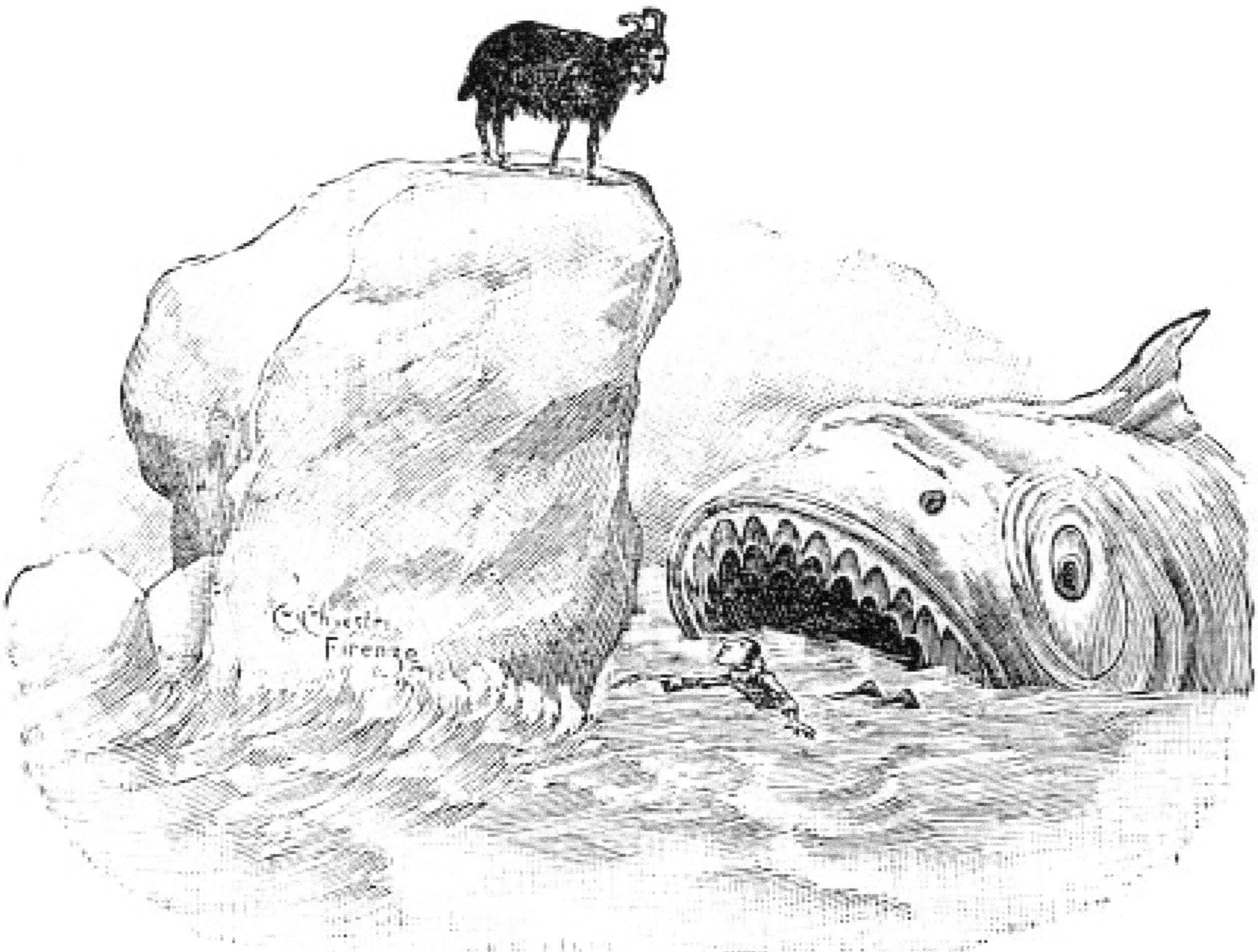
C. Chiostri
Firenze

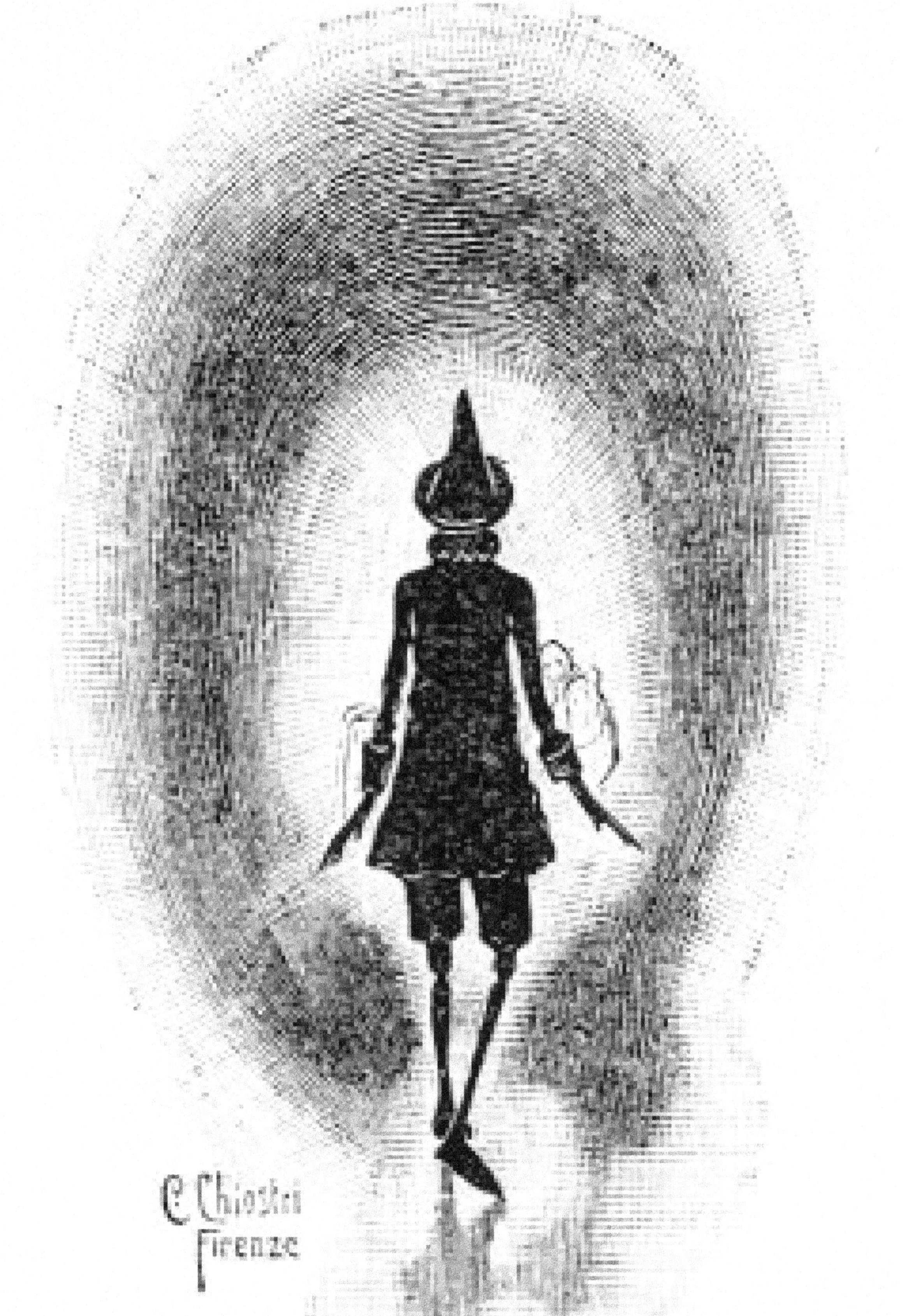
C. Chiostri
Firenze

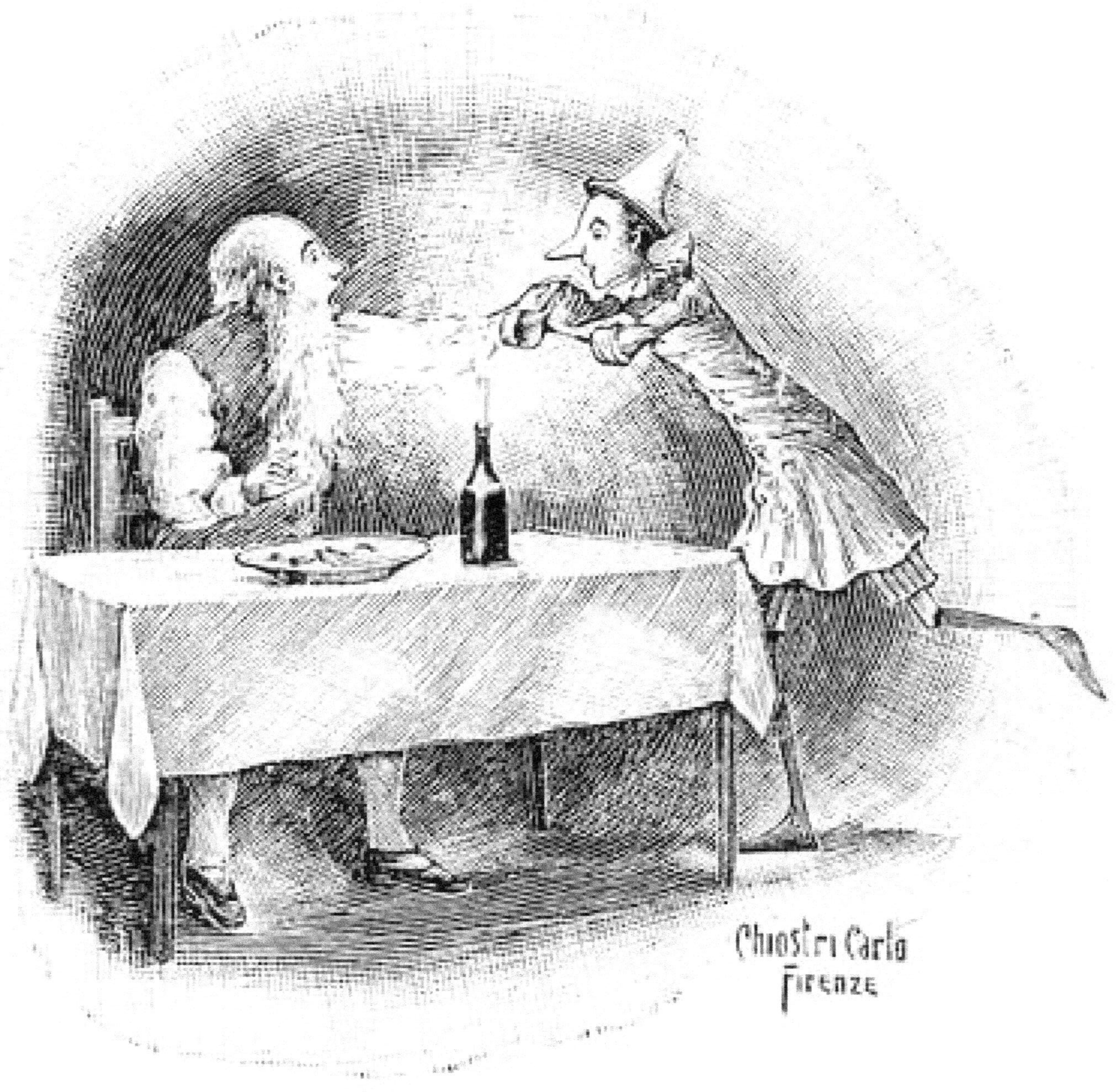
Chiostri Carlo
Firenze

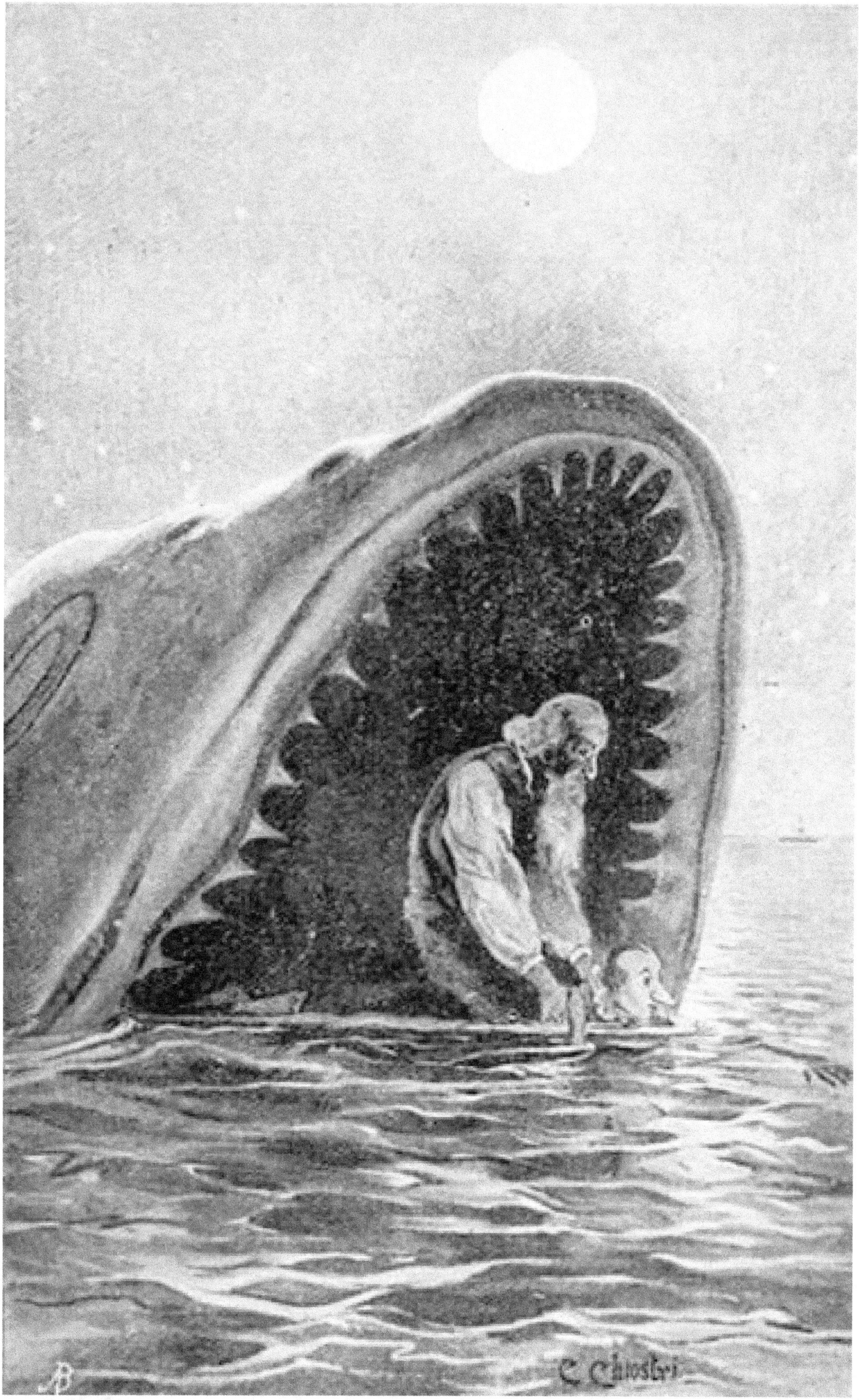
C Chiostri

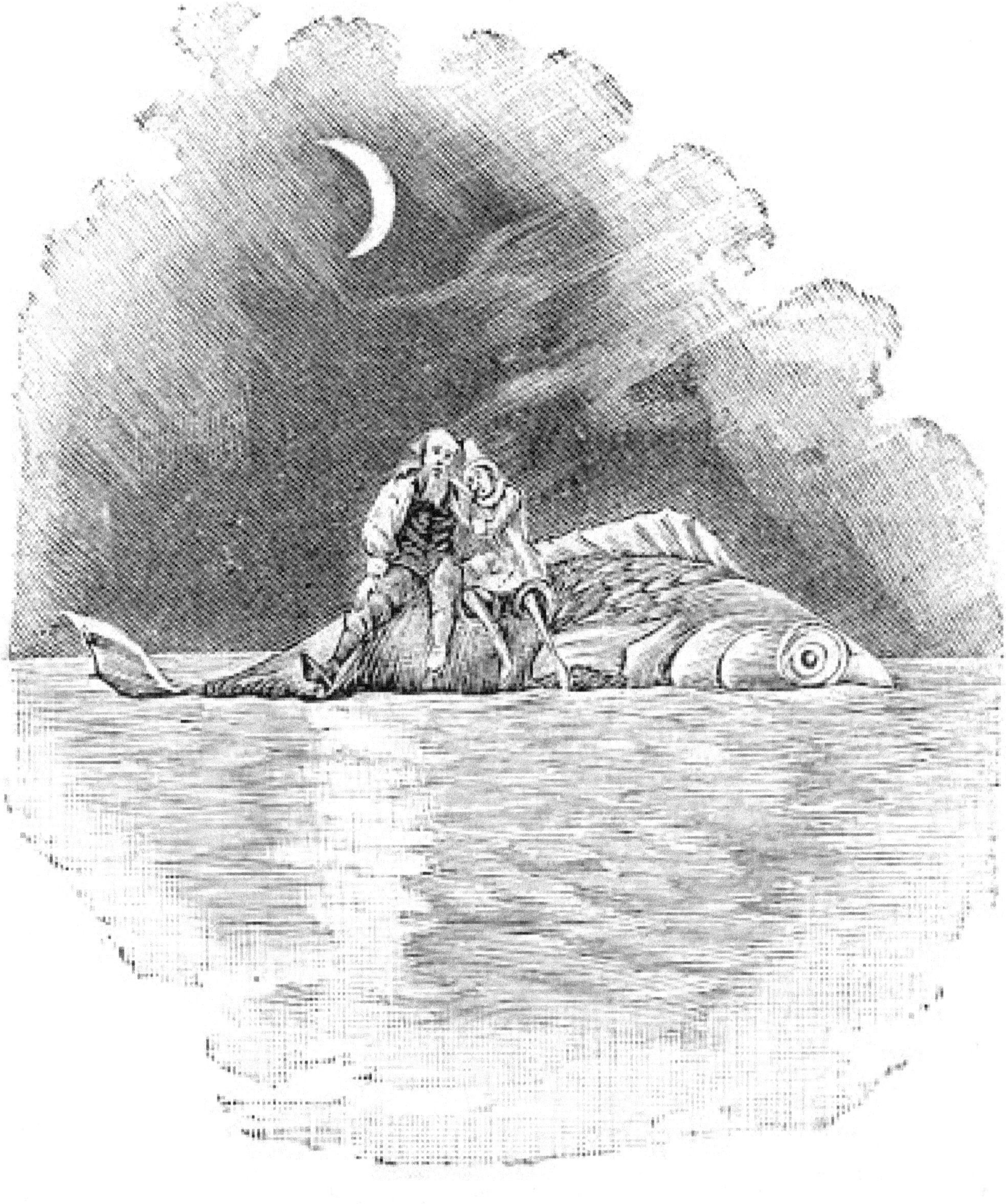

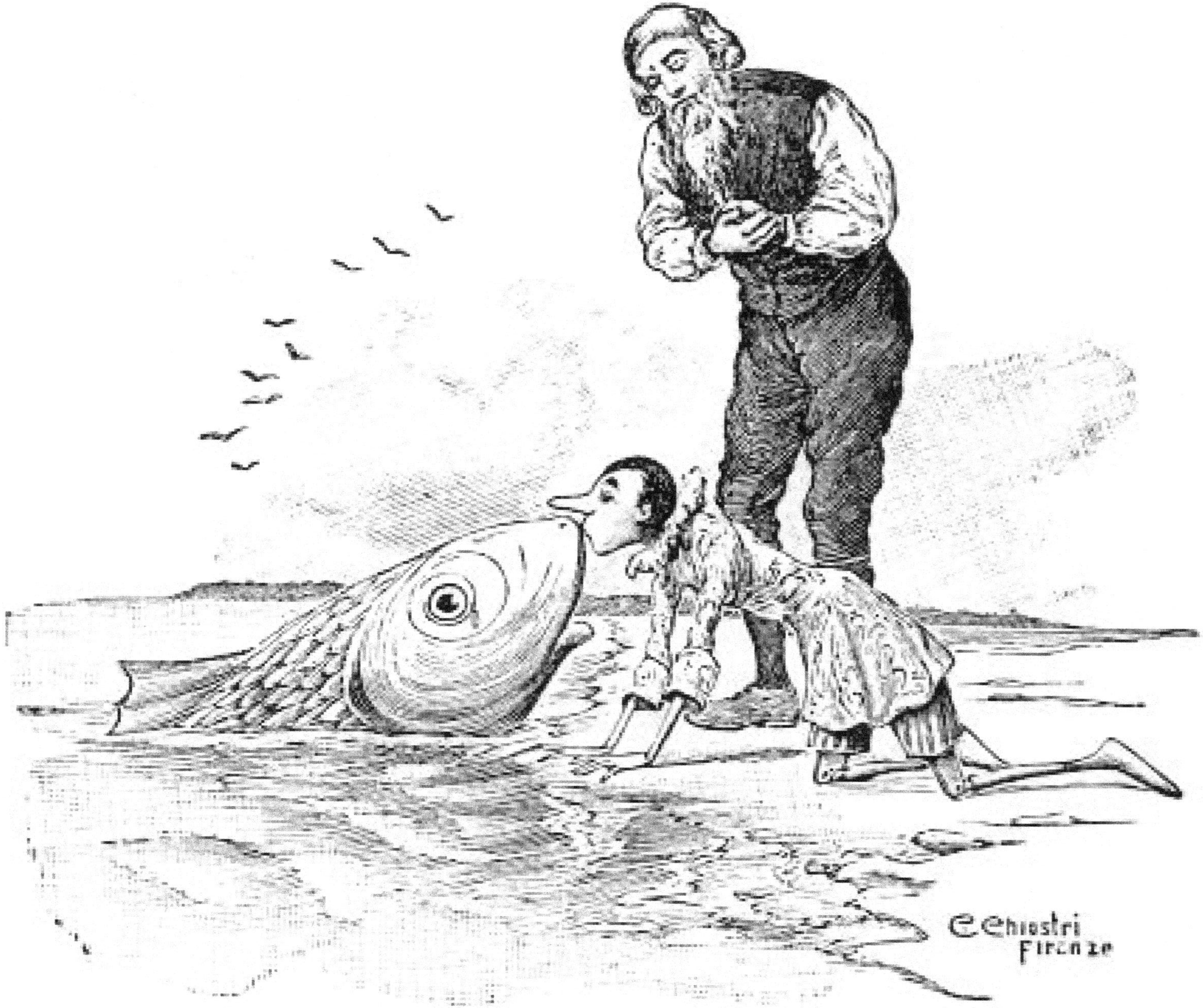
E. Chiostri
Firenze

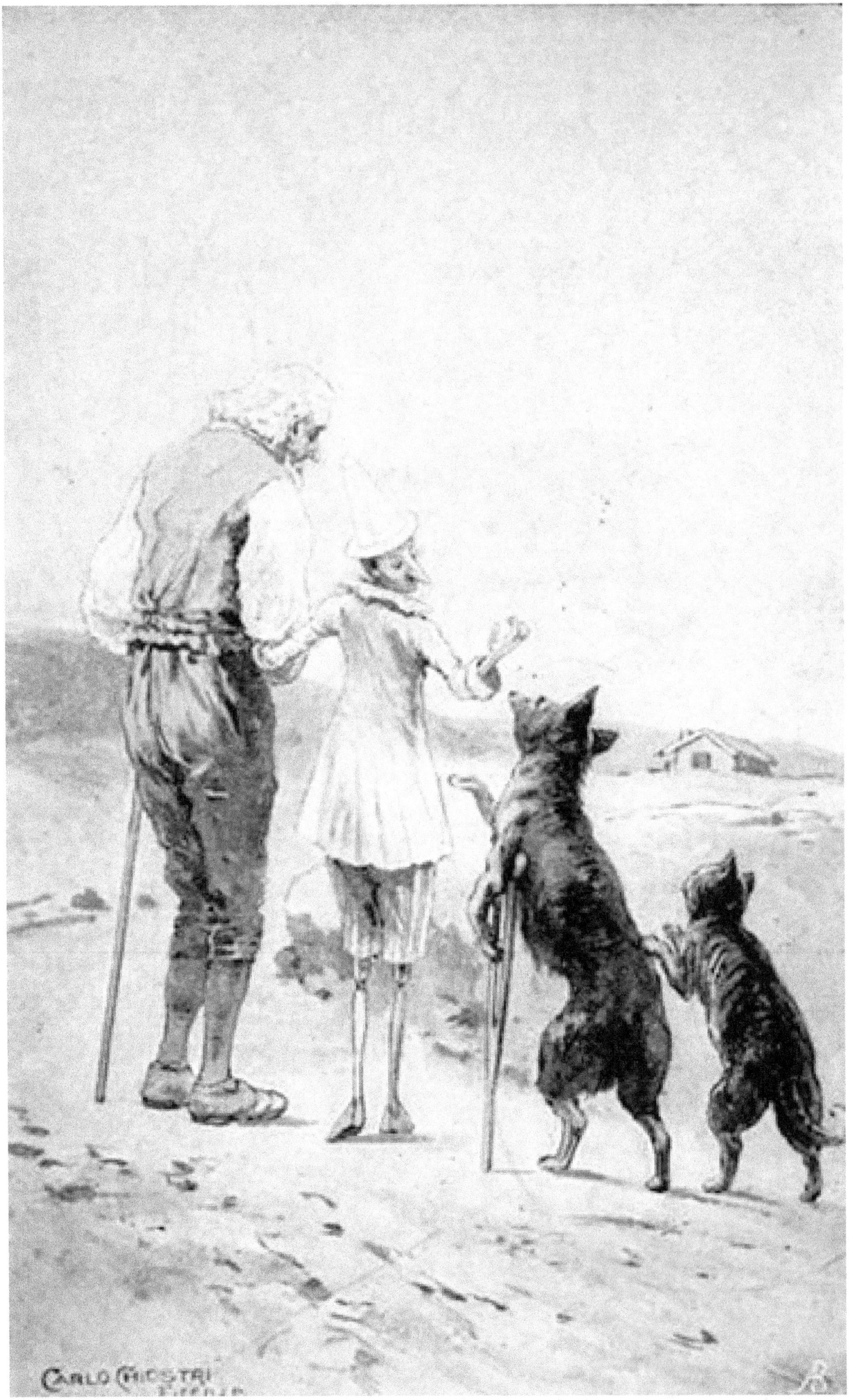
CARLO CHIOSTRI

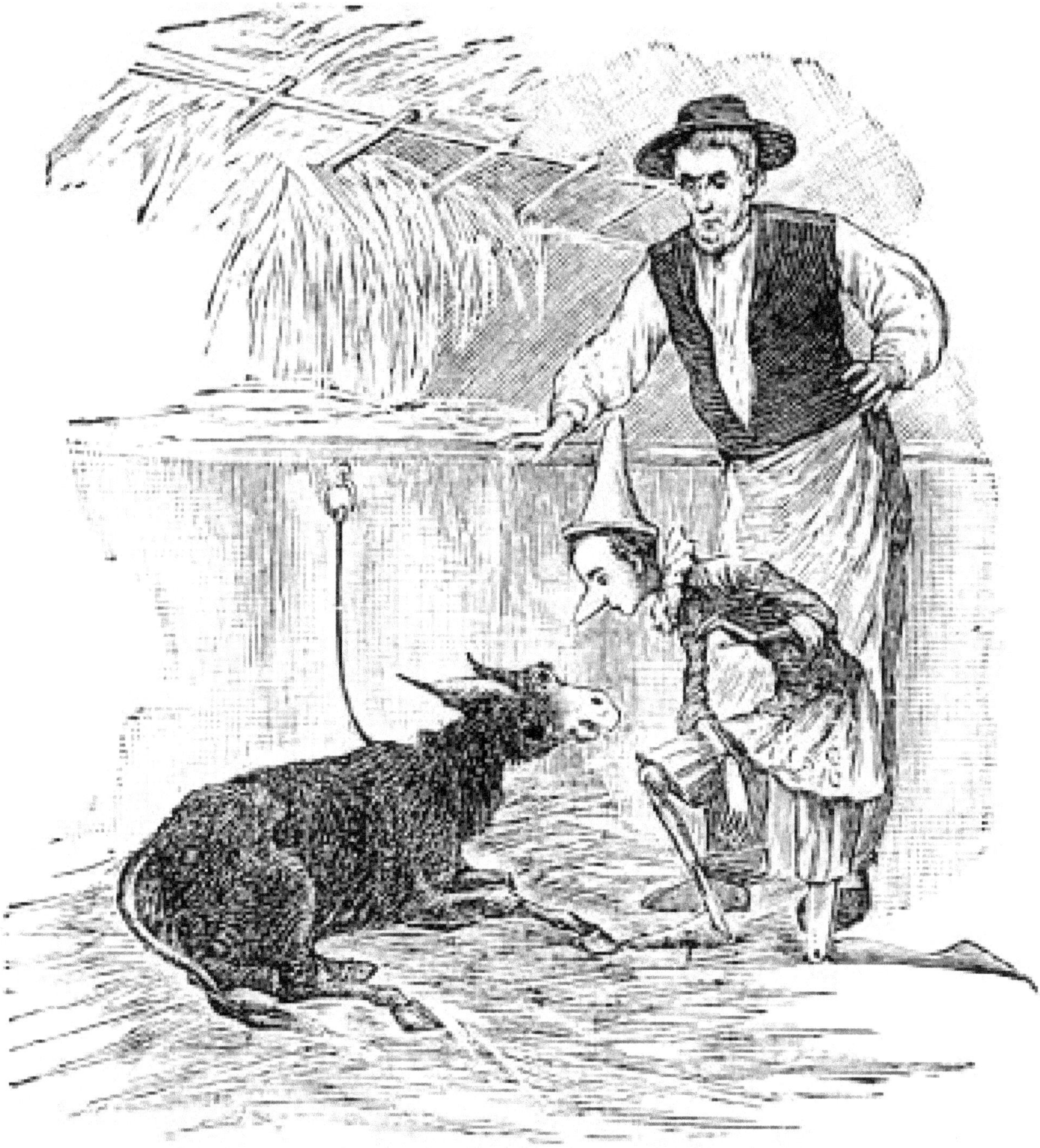

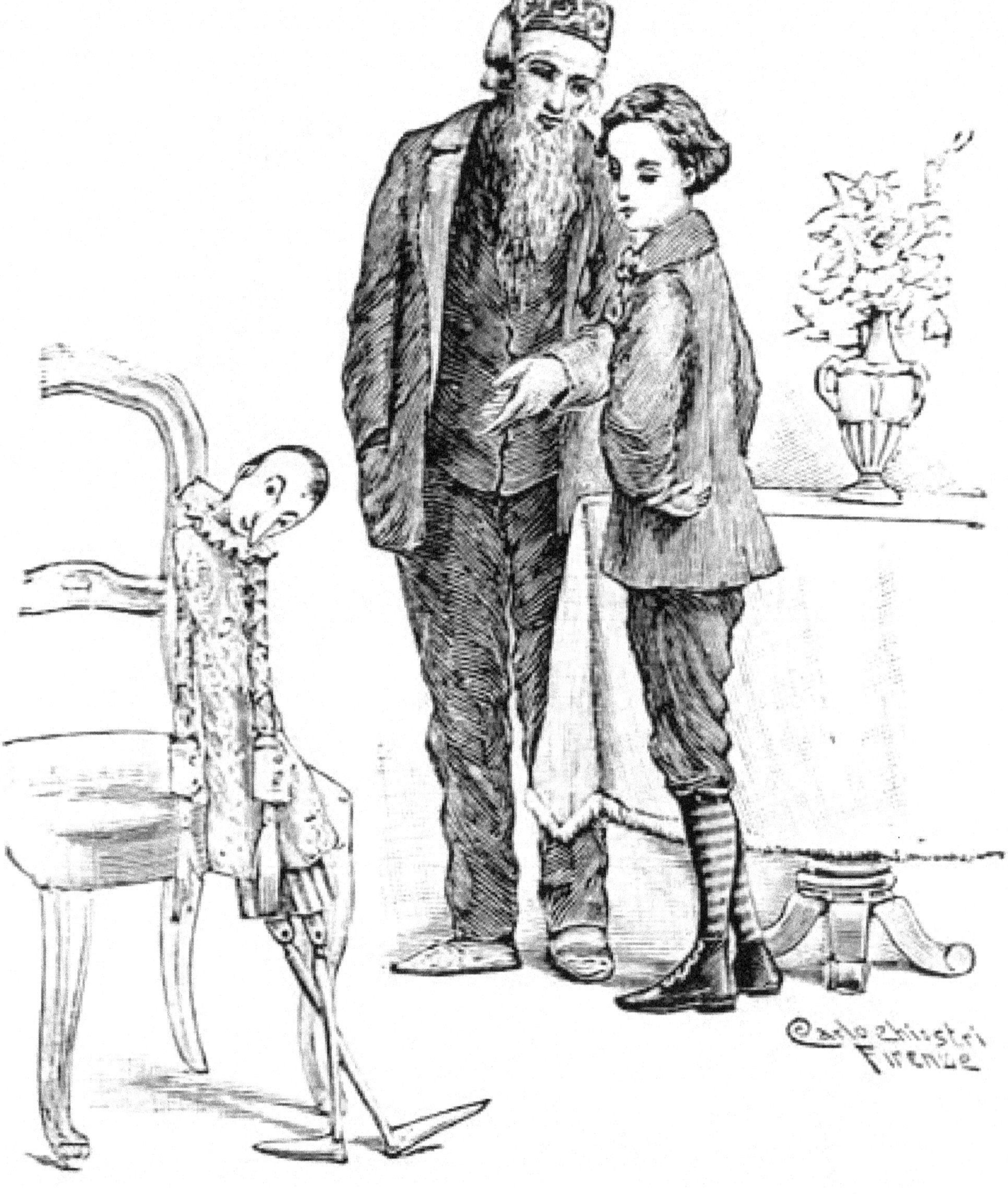
Carlo Chiostri
Firenze

www.ingramcontent.com/pod-product-compliance
Lightning Source LLC
Chambersburg PA
CBHW081120180526
45170CB00008B/2931
9781546512530